# Memórias de uma infâmia

LYDIA CACHO

# Memórias de uma infâmia

*Prólogo*
Rosa Montero

*Tradução*
Ernani Ssó

Copyright © 2007, Lydia Cacho
Copyright © D.R. 2007, Random House Mondadori S.A. de C.V.
Copyright © 2007, Prólogo, "Este livro ignóbil", Rosa Montero.
Copyright © 2008, "O poder da ética" by Roberto Saviano.

Título original: *Memorias de una infamia*

Capa: Humberto Nunes
Foto de capa: iWorks Photography/Getty Images

Editoração: FA Studio

Texto revisado segundo o novo
Acordo Ortográfico da Língua Portuguesa

2012
Impresso no Brasil
*Printed in Brazil*

Cip-Brasil. Catalogação na fonte
Sindicato Nacional dos Editores de Livros. RJ

| C126m | Cacho, Lydia, 1963-<br>Memórias de uma infâmia / Lydia Cacho; prólogo Rosa Montero; tradução Ernani Ssó. — Rio de Janeiro: Bertrand Brasil, 2012.<br>260p. : 23 cm<br><br>Tradução de: Memorias de una infamia<br>Índice<br>ISBN 978-85-286-1564-7<br><br>1. Cacho, Lydia, 1963-. 2. Prostituição de crianças — Cancún (México). 3. Mulheres jornalistas - México. I. Título. | |
|---|---|---|
| 12-2422 | | CDD: 920.5<br>CDU: 929:070 |

Todos os direitos reservados pela:
EDITORA BERTRAND BRASIL LTDA.
Rua Argentina, 171 — 2º andar — São Cristóvão
20921-380 — Rio de Janeiro — RJ
Tel.: (0xx21) 2585-2070 — Fax: (0xx21) 2585-2087

Não é permitida a reprodução total ou parcial desta obra, por quaisquer meios, sem a prévia autorização por escrito da Editora.

Atendimento e venda direta ao leitor:
mdireto@record.com.br ou (0xx21) 2585-2002

*A meus colegas jornalistas
que deixaram a vida*

De tudo, ficaram três coisas: a certeza de que
estava sempre começando, a certeza
de que era preciso continuar e a certeza de
que seria interrompido antes de terminar.
Fazer da interrupção um caminho novo.
Fazer da queda um passo de dança, do medo,
uma escada, do sono, uma ponte, da procura,
um encontro.

Fernando Sabino
*O encontro marcado*

# Sumário

Prólogo ............................................................................. 11

Introdução ........................................................................ 15

1. QUEM É A TAL LYDIA CACHO? ................................... 21
    Uma tribo amorosa, solidária e forte ............................ 22
    O Éden sem demônios .................................................. 31
    Militâncias da vida ........................................................ 34
    Refugiadas da violência ................................................. 37

2. MENINAS VALENTES, CARRASCOS IMPLACÁVEIS ........ 45
    Emma e o DEPA ............................................................ 48
    Os demônios em papel ................................................. 60
    O império contra-ataca ................................................ 64

3. UM SEQUESTRO LEGAL ............................................... 71
    A estrada do horror ...................................................... 82
    Puebla dos Anjos de Kamel .......................................... 104

4. O *"GOV* MARAVILHA" ............................................................ 119
    "Você é meu herói, cara"............................................................ 127
    Criminalizar a verdade............................................................... 131

5. O PAÍS REAGE ......................................................................... 139
    O Congresso intervém................................................................ 145
    Primeira ligação: um atentado................................................... 152
    Kamel e Succar de corpo inteiro ............................................... 156

6. O FIM DA TRAVESSIA.............................................................. 171
    O último recurso: a Suprema Corte de Justiça
        e Juan Silva Meza................................................................ 178

EPÍLOGO: UMA HISTÓRIA INTERMINÁVEL................................. 183

## ANEXOS

Cronologia endemoniada................................................................ 203
Conversas telefônicas..................................................................... 217
Os quarenta maravilhas ................................................................. 243
Comunicado de imprensa publicado em 21 de junho de 2007........ 247
Contato para se obter mais informação sobre como denunciar
    a pornografia infantil............................................................... 249

# Prólogo

ESTE LIVRO IGNÓBIL

Este é um livro ignóbil, um dos mais judiciosos e crus retratos do mal que já li. Uma história de corrupção, impunidade e violência sobre um pano de fundo insondável de abusos pedófilos. Trata-se de um sucesso que causou um verdadeiro escândalo no México; milhões de pessoas puderam assistir pela televisão a um vídeo em que um tal Succar Kuri, atualmente preso por acusação de pedofilia, alardeava que gozava quando via uma menina de cinco anos sangrar ao ser penetrada. Conto esse detalhe atroz e repugnante porque ele é real, importante e a origem de tudo. É a terrível verdade que se oculta em um mar de mentiras. E convém não a esquecer.

Além de trabalhar como jornalista, Lydia Cacho dirige um centro de ajuda a mulheres que sofrem maus-tratos, em Cancún. Foi por intermédio desse trabalho que, no fim de 2003, ela foi procurada por uma das vítimas do pedófilo. E, uma vez ciente do abuso, não pôde mais ignorá-lo. Lydia é o tipo de pessoa que não fecha os olhos perante a dor alheia.

Em 2005, lançou seu primeiro e muito bem-documentado livro sobre o tema — *Los demonios del Edén* —, no qual, além de investigar a rede de pedofilia — que mostrou ser ampla, complexa e com ramificações internacionais —, dizia que Kuri havia sido protegido por um conhecido e rico empresário de Puebla. Com a publicação do livro, Lydia passou a viver um pesadelo. Foi denunciada, presa irregularmente, humilhada, assediada, maltratada fisicamente, torturada psicologicamente, encarcerada durante trinta horas. Por muito pouco não desapareceu para sempre e quase foi estuprada com cabos de vassouras. Difamada, constantemente ameaçada e obrigada a viver com escolta, respondeu a processos legais aniquiladores, nos quais foi tratada como delinquente. Este livro conta justamente toda essa ignomínia.

E conta muito bem, o que não o torna superficial. Um testemunho de tal monta já seria, por si só, surpreendente e interessante, mas adquire especial relevância e profundidade, porque está muito bem-escrito. Cacho conseguiu fazer um livro devastador, que retrata, com a profundidade e a dramaticidade de uma punhalada, a desgraça da corrupção. Uma estrutura social paralela, subterrânea e obscura, que se manifesta como uma coleção de bonecas russas, cada uma escondida dentro da outra. *Memórias de uma infâmia* mostra essas matriushkas e, ao desnudá-las, vão aparecendo, em uma incrível cascata, todo tipo de personagens relevantes: uma procuradora, uma juíza, um presidente do Tribunal, um sem-fim de secretários, policiais e altos diretores e, inclusive, um governador civil.

Após a leitura do livro, imaginamos que o poder público fez algo e que, ao menos, exigiu responsabilidades políticas sobre os fatos narrados. Entretanto, o mais assombroso é que não aconteceu nada. Os direitos de Lydia Cacho foram pisoteados, a rede de pedofilia continua intocada, e as meninas, certamente, sendo violentadas. Pobre México,

## PRÓLOGO

que aceita que tal nível de descompostura e de impunidade ameace gravemente seu futuro. E pobres de nós, porque este livro revela uma rede de poder amplamente ramificada, extensa e global. Este livro é ignóbil e, por isso mesmo, deve ser lido. O conhecimento é a melhor forma de combater as trevas.

ROSA MONTERO

# Introdução

Quando, em 2003, as primeiras meninas se atreveram a denunciar seus carrascos aos tribunais, não podiam adivinhar o pesadelo que teriam. Elas sabiam que estavam colocando sua vida em risco, mas nunca imaginaram que seriam ferozmente perseguidas não apenas por seus imoladores, como também pelas autoridades e pelos tribunais que, em teoria, deveriam protegê-las. Meses depois, quando não tinham mais alternativa senão voltar a ser "bucha de canhão" dos abusos de Succar Kuri ou perder a vida, se refugiaram no centro de atenção às vítimas coordenado por mim, CIAM Cancún A. C. As autoridades que as ajudaram no início as tinham traído, e nada se interpunha entre elas e as ameaças de morte dos homens poderosos a quem haviam desafiado.

Numa manhã de abril de 2004, já no abrigo, uma menina de 11 anos segurou minhas mãos e, com o rosto descomposto e o olhar interrogativo, perguntou: "Você não vai deixar que nos machuquem mais, não é?" A resposta que lhe dei mudou a minha vida. Nessa época, estava claro para mim que se tratava não apenas dos crimes de um velho depravado, mas também de uma verdadeira rede de poder. Embora não pudesse imaginar todas as implicações, eu intuía que a única maneira de proteger o que restava daquelas crianças com uma vida truncada era levar os culpados aos tribunais e eventualmente para a cadeia. Eu sabia que seria uma cruzada longa e acidentada e que corria o risco de perder a vida. Na verdade, ainda acho isso. Mas tudo na vida havia me preparado para dar uma única resposta diante da desproteção das menores: cumprir a promessa de nunca abandoná-las.

O que aconteceu nos anos seguintes é o resultado daquele instante em que esses olhos fascinados me tornaram responsável e me transformaram no último recurso de menores de idade abandonadas à própria sorte.

Escrevi o livro *Los demonios del Edén* como um recurso desesperado para evitar a fuga e a impunidade do pedófilo, que estavam a ponto de se consumar. Na época, haviam se esgotado as denúncias diante dos tribunais e as exortações à opinião pública. Autoridades estatais haviam permitido a fuga de Succar Kuri, e, embora ele tivesse sido preso nos Estados Unidos, os juízes daquele país careciam de elementos para mantê-lo na cadeia e posteriormente extraditá-lo. A máquina do poder que apoiava o pedófilo se mobilizava para impedir o envio de todas as provas que poderiam justificar a extradição: sem elas, era iminente a sua libertação.

A publicação de *Los demonios del Edén* acabou sendo fundamental para ativar o processo. A divulgação que o livro recebeu e as entrevistas que o acompanharam nos meios de comunicação permitiram denunciar a passividade criminosa das autoridades. A indignação da opinião pública diante do caso do "pedófilo de Cancún" obrigou a Procuradoria de Justiça a entregar ao juiz Duncan, do Arizona, as numerosas e contundentes provas, até então retidas, que meses depois permitiram aos tribunais mexicanos julgar Succar.

As represálias não se fizeram esperar. Muitos homens poderosos não desejavam um julgamento público de Succar Kuri, pois, além de pedófilo, o hoteleiro de origem libanesa era um laranja — emprestava

## INTRODUÇÃO

o nome para lavagem de dinheiro — e sócio de personalidades com grande influência na sociedade mexicana. O restante é uma história aparentemente conhecida.

Em 16 de dezembro de 2005, sete meses após a publicação do livro, fui presa por ordem do governador Mario Marín, em conspiração criminosa com o empresário têxtil Kamel Nacif, sob a acusação deste de tê-lo difamado ao apresentá-lo como um dos protetores do pedófilo. A prisão, repleta de arbitrariedades e abusos, e a transferência para Puebla em meio a ameaças de morte e tortura demonstraram que se tratava de uma represália por eu ter me atrevido a desafiá-los e exibi-los, mas também era uma forma de evitar que eu continuasse agindo — a "justiça" de Puebla fora comprada para me garantir quatro anos de cadeia.

Algumas conversas telefônicas entre Kamel Nacif e o governador Mario Marín, divulgadas dois meses após a minha prisão, mostram claramente como o poder do dinheiro e o poder político se entrelaçam para proteger um ao outro e se reproduzir. As ligações de Kamel Nacif a vários governadores e ao líder dos deputados priistas (do Partido Revolucionário Institucional), Emilio Gamboa, revelam o alcance dessas redes de poder. Ao longo de três anos recebi ameaças, sofri um atentado, fui traída por advogados amedrontados ou comprados, e usaram de todos os recursos jurídicos para me esgotar física e financeiramente. Fui testemunha da violação de praticamente todos os procedimentos judiciais: do roubo de um computador da Comissão Nacional de Direitos Humanos (CNDH) com testemunhos exclusivos, do desaparecimento de provas e da corrupção de juízes.

Escapei com vida e mantive minha liberdade graças à mobilização da opinião pública e ao apoio de colegas jornalistas e dos meios de comunicação em geral. Minha história, que não é mais do que a expressão da história das meninas violentadas, pode ser a mesma que a de muitos mexicanos e mexicanas que diariamente padecem no anonimato os golpes e ignomínias de uma sociedade injusta e arbitrária. Todos os dias acontecem tragédias de igual ou maior magnitude que violentam os direitos e os corpos de pessoas que carecem de voz e de visibilidade pública. Diversos fatos se uniram para que os delitos de Succar Kuri, Kamel Nacif e do governador Mario Marín se tornassem públicos e ocupassem um lugar no museu de infâmias públicas do México.

Sempre acreditei que o jornalista não deve se transformar em personagem de suas reportagens, por isso evitei falar de mim em *Los demonios del Edén*. No entanto, atrevo-me a escrever esta história porque ela é conhecida apenas parcialmente e creio ser imprescindível conhecê-la por completo. Primeiro, porque apenas uma pequena parte das ignomínias que o poder desencadeou contra as vítimas e as pessoas que defendemos e a quem damos voz se tornou pública. Exibir a maneira como o governo de Puebla esbanjou os recursos do Estado para calar a denúncia e sacrificou toda a consideração ética para salvar o pescoço de um governador ou a forma como o governo federal deu prioridade a suas alianças políticas com a corrupção tem um valor documental e jornalístico evidente. O presente livro é um testemunho excepcional, porque faz um retrato *in fraganti* do que muitos mexicanos sofrem sem ter a possibilidade de denunciar ou demonstrar.

Segundo, porque ser sobrevivente é um fato que implica responsabilidades. Mais do que por méritos próprios, as circunstâncias da vida me deram a possibilidade de enxergar o pior lado do monstro e me colocaram em posição de revelá-la em sua dimensão mais selvagem. A história de minha pátria é a tragédia de milhões de homens e mulheres cuja esperança foi esmagada pela implacável realidade do poder

## INTRODUÇÃO

político e criminal corrupto. Enquanto continuarmos a ser um país sem memória, histórias assim serão recorrentes. Durante séculos, aceitamos negociar nossa dignidade em troca de que nos permitissem sobreviver entre a tinta e o papel, entre a vida e a morte, entre a credibilidade e o desprestígio paulatino.

E terceiro, escrevo este livro para que não prevaleça, como costuma acontecer, a versão dos poderosos, dos que sempre ganham. Não puderam me calar, mas tentaram — e continuarão tentando — me destruir publicamente. Com recursos e verbas, concessões e tráfico de influências, tentarão me aplicar "a segunda morte". Há alguns meses, a defesa das meninas abusadas era uma cruzada legítima e louvável frente à aberração de algumas gravações; hoje, quando os poderosos têm de tirar uma foto com Mario Marín e negociar as reformas com Emilio Gamboa, minha causa e eu nos transformamos numa agenda incômoda. Incapazes de me calar, o que lhes resta é desacreditar a mensageira e deturpar a mensagem. Nesse aspecto, *Memórias de uma infâmia* é uma garantia de que a verdade prevaleça, qualquer que seja o desenlace desta história.

Pouco antes de ser assassinada, Digna Ochoa, defensora dos direitos humanos, me disse que se sentia tranquila porque as autoridades sabiam quem desejava a sua morte ou o seu desaparecimento; ou seja, o custo de liquidá-la seria alto, porque a sua morte não ficaria impune, acreditava ela. No entanto, não foi isso o que aconteceu. Hoje, Digna é oficialmente "suicida" — resultado de investigações manipuladas e da fabricação de versões destinadas a manchar a sua reputação. Pretendo continuar viva e usarei tudo o que estiver ao meu alcance para conseguir isso. Mas, se algo não correr dentro do esperado, a favor das causas em que acredito, é importante documentar os motivos e os autores.

No dossiê "Lydia Cacho" são registradas vicissitudes de uma jornalista e ativista social, mas, na verdade, estou mais é para intérprete coletiva. No fundo, "a causa Lydia Cacho" é o mote para designar o trabalho e o sacrifício de muitas pessoas — meus colegas do CIAM Cancún, mulheres e homens que sofreram ameaças e ao meu lado se preocuparam em proteger as vítimas. Sem dúvida, eles também são jornalistas corajosos, cuja generosidade impediu o triunfo das campanhas de distorção ou de silêncio das redes de poder. Da mesma forma, é louvável a coragem de alguns funcionários, legisladores, advogados e juízes honestos que apostaram o cargo em defesa de suas convicções.

Nunca frequentei faculdade de jornalismo, mas durante quase duas décadas estudei e exerci a profissão. Como todo aprendiz, li o grande mestre Ryszard Kapuscinski, que diz: "Com frequência, cruzar uma fronteira é perigoso e pode custar a vida. Em Berlim, há um cemitério cheio de gente que não conseguiu." Atrevo-me a parafraseá-lo e dizer: o México é um cemitério de gente que não conseguiu cruzar a fronteira para defender a verdade, essa verdade que acreditamos que eventualmente nos libertará do tenebroso poder de alguns poucos donos do Estado corrupto. Com este livro, que ponho em suas mãos, cruzo a fronteira com meus recursos: a verdade, a palavra e a prova.

*Cancún, outubro de 2007*

# 1

## Quem é a tal Lydia Cacho?

Um ano e dezoito dias após ter sido sentenciada com um auto de prisão formal e vivendo em liberdade condicional (ironicamente com proteção policial vinte e quatro horas por dia devido a ameaças de Succar Kuri, entre outros), Xavier Olea, meu advogado, me telefonou para desejar um feliz 2007 — um juiz da Cidade do México havia me declarado livre das acusações de difamação. Meu celular tocou quando eu voltava da ilha de Holbox, em Quintana Roo, onde passara o Ano-Novo com meu companheiro e alguns amigos. Jorge dirigia enquanto eu escutava a voz rouca mas alegre de Xavier. Comecei a chorar e falar com dificuldade; só repetia "obrigada, obrigada" para meu advogado. Jorge, preocupado, me perguntou o que havia acontecido.

Consegui lhe dizer estas poucas palavras: "Sou livre outra vez; recuperei a minha liberdade e a minha credibilidade", e, em seguida, inclinei-me para ele, que continuou dirigindo com uma das mãos, enquanto me abraçava. "Você nunca perdeu a credibilidade", disse ele. Eu mal pude responder: "Que credibilidade tem uma jornalista com uma sentença por difamação?"

Chorei por um bom tempo, como se um rio fluísse através de minha alma. Dessa vez, as lágrimas não eram produto do medo ou da decepção, mas gotas salgadas cheias de libertação e certeza, pois as autoridades haviam arrebatado não apenas a minha liberdade, como a minha credibilidade; agora eu as tinha de volta para seguir adiante.

Durante a volta, olhei o aspecto selvagem da estrada, a mesma que me parecera interminável e escura quando viajara aterrorizada no carro dos agentes judiciários um ano antes. Como num ritual de volta para casa, agora livre, voltamos quietos, às vezes de mãos dadas, e embalados pelo bucólico som do Queen. Lembrei as palavras de Eduardo Galeano: "A música liga a alma", e tive certeza de que ele estava com a razão.

Quando chegamos à minha casa, em Cancún, peguei o telefone e liguei para a minha família e os meus amigos próximos. Todos me repetiam que a verdade prevalece quando se faz o que é correto. Não sei se é exatamente assim, mas senti a necessidade de festejar o primeiro pequeno triunfo ao longo de minha árdua luta por justiça. Ter me livrado desse processo foi como sair de um poço escuro para resgatar o alento. Apesar de tudo, dia e noite eu me lembrava de que era apenas uma cidadã comum que travava uma batalha contra o monstro polimorfo que, com o respaldo do poder público e criminoso, esmaga tudo o que cruza seu caminho. Desejei voltar à minha tribo, à minha família, às origens que me formaram, para resistir e me rebelar diante dos abusos do poder.

## Uma tribo amorosa, solidária e forte

Em 1969, eu era uma menina de 6 anos, meu avô me sentava a seu lado, servia-se de uma taça de vinho do porto e me contava histórias sobre o porquê de eu ser tão perguntadeira e atrevida, inconformada, selvagem e amorosa. Ele sempre dizia que éramos uma família com muitas histórias para contar, com várias perguntas para fazer. Com esse tom de homem sábio com quem não se discute, ele desvendava o mistério de minha eterna pergunta: por que eu me sentia assim, revoltada e inquieta, e outras meninas não? Sua resposta era sempre a mesma: porque eu era filha de muitas culturas; por minhas veias corria sangue de marinheiros portugueses, de conquistadores mouros, de mulheres francesas fortes e valentes. Por parte de pai, havia em mim características da casta indígena conquistada no México e de solitários militares mexicanos. Por isso, dizia meu avô (e repetiu antes de morrer, quando eu tinha 32 anos), eu me rebelava contra o autoritarismo e a imposição de ideias, porque para mim era necessário fazer alguma coisa com todo esse conhecimento e toda essa dor de meus antepassados.

"Esta é a vida depois da morte", disse ele anos mais tarde ao lembrar as conversas de minha infância. "Você leva nas costas os seus mortos, a sua sabedoria e as suas histórias." Qualquer um pensaria que as palavras de meu avô eram uma loucura sentimental de velho amoroso. No entanto, após eu ter sobrevivido à tortura, ao sequestro policial e a uma rápida mas aterrorizante prisão, depois de receber ameaças de morte do crime organizado e de dois atentados, muita gente diria que meu avô Zeca conhecia meu destino.

Ele era um português moreno, filho de uma estirpe de camponesas e marinheiros, de corpo robusto e forte como um touro; seus olhos eram doces e suas mãos, grandes, sempre dispostas a abraçar, a compartilhar, a trabalhar a terra e a escrever histórias. Ninguém falou para ele sobre a pobreza ou a injustiça: ele as conheceu de perto. Nasceu em abril de 1909. Um ano depois, em 5 de outubro de 1910, começou a Primeira República portuguesa e, em seguida, a Primeira Guerra Mundial. De janeiro a fevereiro de 1919, houve uma rápida guerra civil no Porto, a terra de meu avô. Ele me dizia que, entre a sua história e a do

México, fora a monarquia, não havia muita diferença. Somente entre 1910 e 1926 houve 46 governos diferentes em Portugal: aprenderam a viver na pobreza e sob o opróbrio de políticos corruptos e tiranos.

Meu avô se casou com uma francesa nascida em abril de 1915, uma mulher inteligente e de boa memória, de pele muito branca e olhos verdes imaculados. Era filha de uma — diziam em sua aldeia — vidente e podia intuir perigos e ler o destino das pessoas. Ter consciência social, para meus avós, não era um luxo intelectual, mas uma forma de sobrevivência numa Europa que transitava entre guerras e transformação social. Em 1931, meu avô com 22 anos e minha avó com 16 contavam com amigos e familiares na França, na Espanha e em Portugal, e logo aprenderam a importância da solidariedade e da consciênia política.

Minha avó sorria docemente. Era uma historiadora extraordinária, que sabia muito bem que a vida é curta demais para nos arrependermos de alguma coisa e que a sabedoria humana nos impede de entender que as rebeliões sociais são apenas passos diminutos que abrem caminho para quem vem atrás. Marie Rose, que me olhava com seus olhos verdes e luminosos, afirmava que a vida não deve se perder no angustiante medo do inimigo: "Não construímos o presente, mas o futuro. Por isso, o temor é uma ferramenta da inteligência, nos alerta para pensar e traçar caminhos", dizia ela.

Ela era a mestra dos prazeres simples, extraordinária cozinheira, capaz de intuir o destino e olhar o universo com sua paz interior habitual. A única vez que a vi temerosa foi quando lhe detectaram um tumor cerebral, aos 80 anos. Quando ela morreu, minha mãe, meus dois irmãos e eu estávamos à sua volta. Ao mesmo tempo, em sua horta, meu avô, perdido em lágrimas, sentia sua alma desmanchar de dor com a morte de sua companheira e cúmplice de vida.

Meu avô era explosivo. Conhecer sua raiva era descobrir a violência de que era capaz o mais amoroso dos homens. Minha avó era dona de uma força interna inextinguível. Os dois diziam que em nosso sangue estava a fuga contra todas as formas de escravidão. Em algum aspecto, eles estavam certos, porque se revoltaram e decidiram cruzar o oceano para chegar a Veracruz. Trouxeram com eles minha mãe, Paulette, para enfrentar seu destino.

Paulette nasceu em Lyon, França, em 1935, e quando tinha 6 anos embarcou com sua mãe para o México. Enquanto meu avô se organizava para escapar das encrencas políticas, minha avó era esperada por seus amigos que haviam fugido da guerra. Entretanto, Portugal vivia sob o regime ditatorial de Salazar, o *ungido de Deus*, com sua terrível polícia política, a PIDE. Os opositores do regime eram torturados e trancafiados nas prisões de Peniche, de Caxias e no campo de concentração Garrafal. Ao seu redor, as redes de amigos tentavam subsistir num mundo dominado por Franco, Mussolini e Hitler.

Minha avó contava que seus amigos, de 1936 até 1939, lutavam por um Estado diferente, na Guerra Civil Espanhola, durante o regime de Franco, e, de 1939 a 1945, a insanidade da Segunda Guerra Mundial lhes ensinou o valor da comida, da amizade, do amor à vida e à paz social e individual.

Minha mãe cresceu no México, numa casa onde se celebrava a vida e se lembrava da morte e da injustiça em cada reunião com os demais refugiados. Na casa, ouvia-se um disco de Chabela Vargas e os fados de Amália Rodrigues, que, com o som de seu violão, fazia companhia a meus avós. Minha mãe se sentia mexicana e aprendeu a conviver com duas culturas tão diferentes.

Na adolescência, enviaram-na para estudar na França e em Portugal, onde se apaixonou pela primeira vez, mas voltou ao México.

Convidada por Lucero, sua melhor amiga, foi a uma matinê na casa de um engenheiro militar e lá conheceu um homem charmoso, de voz profunda, alto e magro, com olhos emoldurados por cílios e sobrancelhas sensuais. Pouco tempo depois, um prometia amor eterno ao outro diante de um padre na igreja de Santa Rosa de Lima, localizada na capital do México.

Herdei a força de vontade, os olhos e o olhar de meu pai. De minha avó e de meu avô, herdei o sonho de liberdade, assim como a compreensão do mundo real me foi conferida por minha mãe. Já com minhas duas irmãs e três irmãos aprendi que o amor é ilimitado quando somos capazes de perdoar, enxergar o lado bom das pessoas e aceitar as nossas diferenças sem declarar guerra por isso. Com meu avô paterno, um militar solitário, aprendi o quanto pode ser comovente a angústia de um homem bom que se submete às regras do machismo e vive sob o dogma do patriarcado, o que, no fim, o destrói e torna um velho infeliz.

Entre brincadeiras e histórias dolorosas, crescemos num apartamento de classe média, no bairro de Mixcoac, na Cidade do México, com um pai sério e trabalhador e uma mãe psicóloga, alegre, bailarina clássica, que lia contos russos para nós e era fanática por futebol americano. Ainda criança, fui obrigada a decorar meu endereço, para o caso de eu me perder durante minhas fugas para olhar as pessoas e ouvir histórias. "Meu nome é Lydia Cacho Ribeiro, moro em Donatello 25, apartamento 104", eu repetia na frente da minha mãe, que também me exigia memorizar o número do telefone.

Antes de mim, nasceram dois homens e uma mulher. Depois, veio um menino doce e terno, seguido da menina mais nova, Myriam, que cresceu para se transformar em psicóloga e xamã, uma personagem fundamental em minha vida adulta, aliada nas batalhas pela paz e pela equidade.

Numa dolorosa sucessão de mortes, primeiro perdi minha avó e meu avô, e, em 24 de fevereiro de 2004, minha mãe disse adeus em meus braços, após uma longa batalha contra um câncer hepático.

Minha família é, como dizia minha mãe, uma tribo amorosa, solidária e forte. Compartilhamos as causas da paz e suas emocionantes e alegres ou tristes e amargas consequências. Nos momentos mais difíceis, todos estão ali para compartilhar as lágrimas e gritar juntos: "Chega de injustiça." Da mesma forma, todos estão juntos na hora de saborear um dos maravilhosos pratos da receita da vovó.

"Você foi feita do quê?", perguntou-me um repórter durante uma entrevista. "Para aguentar com esse sorriso a injustiça e ter fé?"

"Fui educada para não me render", respondi.

Nasci em 1963, numa família diferente. Minha mãe havia estudado psicologia, mas nunca gostou de atender em consultório. Ela gostava mesmo era de bater perna na rua, trabalhar nas comunidades. Quando suas amigas lhe perguntavam por que não se dedicava a ganhar dinheiro com seus conhecimentos, ela sorria e, com voz apaixonada, herdeira de seu pai, dizia que o México era o país da desigualdade e que ela tinha de fazer alguma coisa em favor da equidade. E "isso não se constrói num consultório, mas nas ruas", dizia.

Meus irmãos e eu costumávamos ir com ela às "cidades perdidas" da capital mexicana. Lá, as pessoas viviam no meio do lixo, em casas de papelão e com apenas uma tortilha por dia. Minha mãe, meus tios e um grupo formado por jovens trabalhavam para tentar ajudar homens e mulheres a desenvolver um senso comunitário, a exigir escolas e a melhorar sua vida.

Creio que minha mãe jamais poderia imaginar o efeito que estar perto desses meninos e meninas nos cinturões de pobreza teve sobre mim. Enquanto ela e seus colegas davam palestras, eu tentava brincar com meus amiguinhos e descobria aturdida que meninas da minha idade eram incapazes de segurar um lápis para fazer o desenho mais simples, que meninos como meus irmãos não tinham energia para correr atrás de uma bola. Ficavam abaixados no chão de terra batida, com o nariz escorrendo e os cabelos sujos e desgrenhados. Descobrir que comiam apenas uma vez por dia feijão e tortilha, às vezes apenas tortilha, me angustiava.

Nessa idade, entre os 7 e os 10 anos, uma menina não sabe o que fazer com a estranha sensação de que alguém onipresente está mentindo e controla nossa realidade. Na infância, a crueldade da pobreza e da corrupção carece de significado ideológico — por isso tem uma grande carga emocional, que gera preocupação. Aprendemos que todos somos iguais, mas as diferenças que vemos são abissais e as respostas adultas nunca são suficientes quando nossos olhos jovens olham o mundo e o questionam. Intuímos algo, mas as escolas e as professoras e os professores passarão o resto da vida nos ensinando a duvidar do ideal — que, em nossa consciência, nos é útil quando nos perguntamos: "Por que essa pessoa deve viver humilhada na pobreza, na violência e na ignorância? O que nos torna diferentes?"

Na infância, esses professores e professoras aprenderam que o mundo é assim; desacreditaram o intuitivo menino ou menina que se negava a crer no discurso da violência. Alguns deles foram submetidos ao racismo, à violência física, ao machismo e ao sexismo, enquanto outros se transformaram em executores, em perpetuadores da "única realidade mexicana".

Milhões de nós levaram anos para compreender que os valores culturais são construções da mente humana, que tudo o que se constrói pode ser transformado. Cabe a nós agir com consciência. Por essa razão, estar disposto a dar a vida por um ideal responde não a uma ideia heroico-sacrifical vazia, mas a uma convicção ideológica e, por mais paradoxal que pareça, a um profundo amor e desejo de viver feliz e com dignidade.

No entanto, nem minha mãe nem meus professores e professoras do Colégio Madrid me fizeram desistir de meus ideais; pelo contrário, alimentaram-nos e me mostraram o caminho da filosofia, do debate, da leitura. Aprendi a respeitar as outras pessoas e também a exigir meu direito de viver com dignidade, sem violência. Aprendi a me rebelar num México onde as mulheres que protestam nunca têm um final feliz. E a vida, com seus altos e baixos, me ensinou a domar meus defeitos e a cultivar minhas virtudes.

Nunca fui medrosa. Como meu sobrinho Santiago, nasci com a audácia de uma navegante portuguesa que entra no mar em busca da vida. "E, se mais mundo houvesse, lá chegaríamos", dizia meu avô. Quando criança, eu pegava aranhas caranguejeiras, escrevia em qualquer papel em branco e rabiscava as paredes. Aos 5 anos, para demonstrar que podia voar montada num triciclo e vestida com uma capa mágica presa ao pescoço, pulei do telhado e caí no lugar em que armazenavam o lixo do edifício. O cóccix fraturado e duas semanas de molho em casa me fizeram compreender que Aladim e seu tapete voador não eram mais que história. Eu acordava à noite e perguntava à minha irmã Sonia se o "manto celestial" podia cair em nossas cabeças enquanto dormíamos. E depois que uma freira me explicou que Deus estava em todos os lugares e que via tudo, perguntei à minha mãe como fazer para enviar uma carta ao Ser Supremo pedindo-lhe que fechasse os olhos quando eu fosse ao banheiro, porque me incomodava ser vigiada nessa situação.

As amigas de minha mãe lhe diziam para não nos educar dessa forma. Para elas, era um absurdo o fato de sermos amorais, rebeldes, de nos revoltarmos com as injustiças e respondermos a todas as perguntas — sobre sexualidade até abusos de poder — como se fôssemos adultas. Minha mãe, porém, alegava que ser mãe não é se transformar em proprietária, mas em guia e responsável por seres humanos que um dia deixarão o ninho e correrão o mundo. "Os filhos são emprestados, não são sua propriedade; são seres humanos em formação. Prefiro criar uma tribo de mulheres e homens inadaptados a criar uma porção de pessoas medíocres", argumentava diante de nós. Sua criação era portuguesa, como a de seu pai, e suas convicções eram sólidas como catedrais.

Minha mãe confiava em nós. Quando eu era menina e lhe perguntava por que havia tantas pessoas pobres, meninos que viviam no lixo ou meninas que carregavam nas dobras de suas mantilhas bebês fecundados pela violência, ela respondia: "É uma injustiça, nada mais! Por isso — porque vocês podem sofrer com isso e entender, porque têm o privilégio da educação e de comer três vezes por dia — vocês têm a obrigação de se preparar para que as coisas mudem em seu país."

Às vezes, não perguntávamos nada, pois nos imaginarmos cúmplices da tragédia nacional não seria compreensível para meninas ingênuas. Eu preferia ir à Casa do Lago de Chapultepec em minhas aulas gratuitas de pintura e imaginar universos doces e idílicos em aquarela, para depois armar barracas no pátio da casa onde eu inventava, junto com meus amigos, expedições ao Egito em busca de tesouros perdidos da rainha Hatshepsut.

Anos mais tarde, minha mãe me convidou para participar com ela de trabalhos com grupos de adolescentes. Fiquei muito indecisa. Amava o Colégio Madrid e seu ambiente liberal, onde podíamos debater ideias e não nos submetermos aos desígnios patriarcais das mulheres submissas e artificialmente belas. Por outro lado, eu detestava matemática e todas as matérias que me pareciam inúteis. Para mim, dava na mesma ser aprovada ou não. Preferia literatura, escrever sobre o que acontecia ao meu redor e jogar basquete. Até hoje, ainda tenho amigos dessa época.

Minha mãe insistiu para que eu fosse estudar artes na Casa da Cultura de Mixcoac. Não tínhamos recursos para mais nada, de modo que eu passava as tardes em oficinas de literatura, poesia e pintura e em cursos de história com o doutor Ballester, fundador do Centro Cultural Helênico. Graças a ele, conheci a rebeldia de Aspásia de Mileto e sonhei viajar à Grécia e seguir as pegadas de Péricles.

Anos mais tarde, minha mãe fundou uma organização para o desenvolvimento das mulheres, e estudei com minhas irmãs para me tornar chefe de escritório. Durante um tempo, estive em Paris para recuperar o idioma de meus ancestrais e ganhei dinheiro faxinando casas. Aos 23 anos, depois de estudar, viajar e trabalhar, decidi viver sozinha perto do mar, deixar meu lado marinheiro aflorar, esse de que meu avô Zeca tanto me falou. Cancún parecia um paraíso intocado, *terra incógnita*, um Éden sem maçãs.

## O Éden sem demônios

Conheci as praias de Cancún anos atrás, numa viagem em que aprendi a mergulhar, aos 17 anos. Foi amor à primeira vista pelo mar e pela selva. Desde então, prometi a mim mesma largar tudo um dia e ir viver perto do mar. Nunca, porém, encontrei alguém disposto a encarar esse desafio comigo. Quando decidi cumprir o que eu prometera, namorava um inglês que não compartilhava meu espírito de aventura. Mesmo assim, peguei minhas tralhas e me lancei a uma nova vida.

Eu queria escrever olhando para o mar, navegar, conhecer e compreender o mundo. Desejava encontrar paz interior no fundo do mar enquanto mergulhava. Na época, eu acabara de receber minha credencial de mergulhadora diplomada com os amigos de meu irmão Óscar. Tinha permissão assinada por biólogos marinhos para entrar no silencioso mundo submarino, para amar o planeta em seu líquido vital. "Chegue ao paraíso", diziam alguns. "Alcance a paz para entender a vida e seus milagres, para escrever sobre eles", dizia eu.

Cancún fora fundada havia doze anos, numa sociedade eminentemente masculina, habitada por operários e engenheiros, o que promoveu também uma comunidade superficial e um pouco prostituída. Foi criada para atrair investimentos e dinheiro, sem planejamento cultural e educativo. As mulheres chegaram depois e tiveram de se adaptar a um mundo estranho: sem hospitais, sem escolas, com botequins e bordéis. A capital, Chetumal, era carregada de uma história de cidade fronteiriça, corrupta, fundada por contrabandistas e trapaceiros. Dentre eles, surgiu a classe política. Isso explica por que Cancún é o que é. Depois chegaram empresários de todos os lugares, uns de bem e outros para lavar dinheiro com seus investimentos, para fugir de uma realidade ou de um passado indesejável.

Uns dois meses após chegar, comecei a escrever histórias: textos sobre cultura para os jornais locais. Mais tarde, conheci Lía Villalba, que se tornaria uma grande amiga e que era casada com um hoteleiro. Lía e suas amigas estavam ávidas de cultura, de integração social, de boas escolas para seus filhos e filhas pequenos. Então, organizamos em Cancún a primeira conferência de minha mãe sobre sexualidade, relacionamentos de casal e direitos da mulher.

Pouco tempo depois, conheci Salvador, um homem que, após ter sucesso como dentista na Cidade do México, também resolveu largar tudo e ir atrás de seu sonho de adolescência: tornar-se marinheiro. Com ele, aprendi a navegar, e ambos nos graduamos como marinheiros para fazer as rotas de navegação. Prometemos um ao outro dar a volta ao mundo num veleiro. Tornei-me uma marinheira experiente; aprendi a arpoar peixes para nos alimentarmos quando saíamos para alto-mar no veleiro de um amigo. Fizemos incontáveis viagens pelas ilhas do Caribe, velejando num Irwin de trinta e oito pés com outro casal. Eu era a cozinheira oficial e aprendi a respirar profundamente enquanto meu corpo congelava de medo durante uma tempestade. Fugimos juntos, no barco de nosso amigo Pepe, de uns piratas modernos nas costas de Belize. As demais viagens foram agradáveis e cheias de amor e prazer. Eu carregava duas malas: uma pequena, com meus biquínis e um pouco de roupa leve, e outra grande, com livros e cadernos para ler, escrever e desenhar.

Na primeira viagem longa, de Miami até Rio Doce, na Guatemala, e de lá até as Ilhas Caimã, passamos uma tarde nadando com snorkel por quase quatro horas. Enquanto flutuávamos nas águas caribenhas, mornas e agradáveis, eu só me atentava para golfinhos e famílias inteiras de tartarugas — a vida marinha era apaixonante! Ao voltar ao barco, minhas pernas incharam de tal forma que eu não podia esticar os músculos para aliviar as câimbras.

Na noite de 16 de dezembro de 2005, durante a viagem em que me sequestraram, os agentes judiciários me perguntaram se eu sabia nadar, e um deles disse que me jogariam no mar quando chegássemos a Champotón, Campeche. Eu sentia as pernas paralisadas, entorpecidas pela adrenalina e pelo cansaço; a dor me fez lembrar aquela viagem de veleiro.

Enquanto os agentes judiciários faziam piadas entre si sobre o meu lançamento ao mar, uma mistura de emoções inundou minha alma.

"Sim, eu posso", pensei. "Como naquele dia no veleiro, em que fui capaz de nadar quatro horas." Mas agora eu estava doente, convalescendo de uma bronquite infecciosa; a febre não me deixava em paz, e, numa batalha campal entre a esperança de sobreviver e a minha mente alerta pelo medo, eu me imaginava forte e resistente, nadando, olhando de longe a terra firme, distanciando-me dos agentes, sã e salva, pedindo ajuda a pescadores noturnos. Em seguida, porém, eu imaginava minhas pernas com câimbras, inúteis, eu afundando no mar, irremediavelmente esgotada.

## Militâncias da vida

Salvador e eu fomos casados por 13 anos. Durante esse tempo, escrevi histórias sobre as mulheres da região maia do sudeste mexicano. Em 1988, minha mãe me apresentou a uma amiga querida, Esperanza Brito de Martí, uma velha extraordinária, amorosa e sábia. Tomei um café com ela, contei-lhe que havia feito alguns cursos de jornalismo e várias oficinas de literatura, que eu era autodidata, mas queria me tornar uma jornalista de verdade. Esperanza riu de mim, com um senso de humor ácido que aprendi a compreender e a apreciar com os anos; então me pediu que escrevesse um texto explicando por que eu não poderia ser uma boa jornalista autodidata. Escrevi para a revista *FEM* durante o tempo em que Esperanza foi sua diretora.

Quando a geração de minha mãe se descobria e "saía do armário" como feminista, na década de 1970, Alaíde Foppa e outras amigas suas fundaram a revista *FEM*. Eu a descobri quando estava no segundo grau e, ao ler os textos, percebi que essas mulheres expressavam exatamente a mesma coisa que eu sentia; soube que havia outra tribo, fora da minha família, a que eu podia pertencer e com a qual eu teria a liberdade de escolher, de pensar e recriar o mundo. Nessa época, eu não imaginava o privilégio de ter minhas palavras abrigadas entre as de minhas mestras, como Esperanza, Alaíde, Marta Lamas ou Marcela Lagarde.

Em 1989, conheci a jornalista Sara Lovera, professora de toda uma geração de mulheres jornalistas de província e fundadora de *La Doble Jornada*, o primeiro suplemento feminista no México publicado num diário de circulação nacional. Controversa, apaixonada, às vezes intolerante e rabugenta, Sara foi primeiro minha tutora e depois minha amiga. Fiz oficinas e cursos de jornalismo investigativo, crônica e reportagem. Tive a oportunidade de conhecer muitas jornalistas que, ao mesmo tempo, eram ativistas dos direitos das mulheres. Comecei a publicar na imprensa nacional antes de me atrever a iniciar minha coluna de opinião em *La Crónica*, de Cancún, jornal dirigido por Fernando Martí, filho de Esperanza.

Após essa primeira coluna, jamais, nem uma segunda-feira sequer, deixei de escrever, embora, eventualmente, após a extinção do *La Crónica* (devido a um arroubo hostil do então governador vinculado ao narcotráfico Mario Villanueva Madrid, hoje preso na penitenciária do Altiplano), eu tenha percorrido através dos anos às redações do *Novedades*, do *Por esto!* e do *La Voz del Caribe*.

Posteriormente, escrevi artigos para a *Doble Jornada* e para revistas feministas, publiquei um livro de poemas e, com a câmera na mão, saí às ruas para entrevistar pessoas e tentar entender como se vivia num paraíso inventado como Cancún.

Em 2003, junto com Sara Lovera e Lucía Lagunas, do México, Mirta Rodríguez Calderón, de Cuba, e Rosalinda Hernández e Laura Asturias, da Guatemala, fui colaboradora da Rede de Jornalistas do México, da América Central e do Caribe. Pouco a pouco, esta se transformou numa rede internacional de jornalistas dedicadas a analisar o mundo da perspectiva "de gênero". A partir de sua criação, fui correspondente da agência de notícia CIMAC e me somei a uma nova família de mulheres e homens que compartilhamos — até hoje — o sonho de nos dedicar a um jornalismo ético, profissional e não sexista.

Aprendi a combinar meu trabalho jornalístico e de ativista com uma vida que me desse equilíbrio espiritual. Ao mesmo tempo, viajava com Salvador no pequeno veleiro. Isso me permitia me perder na literatura, escrever meus diários e entender um pouco a filosofia. Meditava de manhã e de noite e aprendi a trabalhar minhas emoções de uma forma budista complementar à que minha mãe me ensinara — com ela, eu aprendera a questionar tudo, a me analisar e a aceitar minhas emoções para depois transformá-las. Essa aproximação com o budismo me ensinou novas maneiras de estruturar minha paz interior. Além de novas análises políticas, comecei a publicar uma coluna jornalística aos sábados.

Fiz uma reportagem sobre a Aids e entrevistei um grupo de jovens soropositivos que me pediram que contasse a realidade dos maus-tratos institucionais que eles sofriam. Fiz o que eles pediram e, ao conhecer o medo, a doença e a discriminação, levei-os à minha grande amiga Lía para formarem uma organização civil. Conseguimos um prédio abandonado e o transformamos no primeiro hospital para pacientes soropositivos. A experiência com esse mundo de paradoxos, dor, discriminação e morte mudou a minha vida.

Lía e eu aprendemos primeiros socorros e, em nossos braços, morreram vários jovens que aprendemos a admirar. Em determinada tarde, fiquei sabendo que Carlos seria o último morto que eu teria em meus braços. A imagem da morte ficou gravada em meus olhos. Decidi, então, encarar a vida, explorar o mundo, da prevenção ao contágio, escrever sobre isso e buscar luz entre tanta escuridão.

Entrei para um programa das Nações Unidas, fui a Nova York com um projeto da Agência da ONU para a Mulher (UNIFEM). De lá, viajei para o Senegal, na África, e, num orfanato com centenas de meninas e meninos soropositivos, senti a importância da vida e as consequências da morte e do silêncio. Então, decidi percorrer esse caminho para veicular a tragédia da pandemia. Nunca esqueço a imagem apocalíptica de centenas de olhinhos infantis voltados em minha direção, talvez buscando em mim o rastro de uma mãe morta, os braços cálidos de um pai falecido. Ainda sinto o aroma que emana da pele das crianças que esticavam os braços com saudade do calor afetuoso de alguém que não os desprezasse; "um beijo, um beijo", pediam a nós, que visitávamos o hospital de teto de zinco, sob o ardente sol da África subsaariana.

Escrevi reportagens e artigos, fiz programas de televisão e rádio, ao mesmo tempo que viajei por vários países, escutando histórias de milhares de mulheres submetidas ao vírus da imunodeficiência humana. Nunca me senti mais comovida e, ao mesmo tempo, inútil do que quando, no Salão Geral da ONU, expliquei a situação das mulheres e meninas com HIV no México. Voltei outras vezes ao edifício nova-iorquino onde se negocia a dignidade das nações e a miséria de seus habitantes. E me senti mais vazia do que antes. O que falar e escrever me proporciona, além de alimentar meu ego ao ver meu nome publicado? Voltei outra vez meus olhos para Cancún.

REFUGIADAS DA VIOLÊNCIA

Passei incontáveis tardes com minha mãe elaborando planos para criar uma organização horizontal de mulheres, que nos permitisse crescer, nos tornar fortes e ajudar outras mulheres sem nos transformar em vítimas do sistema político e da ordem machista patriarcal. Em pouco tempo, o grupo começou a dar frutos, alguns homens foram se juntando a nós e o sonho se tornou realidade.

Nós, um grupo de amigas, mulheres que acreditavam em outro mundo possível, fundamos uma organização denominada Estas Mujeres, A. C., em que dávamos palestras sobre direitos civis e igualdade. Nosso grupo feminista teve sucesso; Bettina, Celina, Miren, Mariarosa, Priscila, Guillermina e eu éramos "as únicas loucas da aldeia" que falavam de igualdade de gênero e de rebelião das mulheres contra a violência em Cancún. María Rosa Ochoa, colunista de cultura e atriz de teatro, propôs que fizéssemos um programa de rádio chamado "Estas Mulheres". Tocamos o projeto durante anos com grande sucesso. Nele chamávamos as mulheres para defender seus direitos. Invariavelmente, elas falavam da violência que sofriam como um obstáculo para trabalhar, ser livres e ser felizes.

Eu trabalhava como editora da revista *Cancuníssimo*. Com meu sócio, Vicente Álvarez, decidi criar uma revista em que as mulheres pudessem falar sobre esses assuntos. Para testar, comecei com um suplemento num jornal local chamado *Esta Voz es Mía*, e, ao ver o sucesso, nos lançamos na aventura de criar uma revista chamada *Esta Boca es Mía*. Pouco depois, tínhamos um programa na televisão local com o mesmo nome, que alcançou um grande sucesso regional. Rompemos os paradigmas: um programa feminista na Televisa? Sim. Um sucesso, até que, cinco anos mais tarde, em 2004, o proprietário da concessão do canal cancelou o programa, porque "considerava obsceno" que falássemos abertamente de preservativos femininos e do ponto G.

As mulheres maltratadas chegavam à estação de rádio e de televisão para pedir ajuda. Então, nós as mandávamos para o Ministério Público, mas eram dispensadas. As autoridades diziam não poder fazer nada, pois a lei estabelecia que bater na esposa não era um delito se as feridas cicatrizassem em até 15 dias. Por isso, muitas voltavam à rádio e contavam os maus-tratos da Procuradoria de Justiça. Formalizamos o grupo e decidimos trabalhar na transformação das leis para que a violência contra as mulheres fosse tipificada como delito. Levamos mais de 10 anos para conseguir que os deputados discutissem a lei. Até meados de 2007, havíamos conseguido aprovar a *Lei Geral de Acesso às Mulheres para uma Vida Livre de Violência*, em Quintana Roo.

Na falta de instituições, as vítimas chegavam até nós por meio da divulgação que fazíamos na imprensa. Numa determinada tarde, ao falar com essas mulheres, decidimos abrir um espaço formal para proteger as vítimas. A experiência do albergue para soropositivos foi a base para criar outra associação civil.

Uma experiência dramática mudaria para sempre minha percepção da violência de gênero. Voltando de uma viagem a trabalho a Guanajuato, já na rodoviária, um homem louro, magro e forte entrou no banheiro das mulheres. Quando saí da cabine do vaso sanitário para lavar as mãos, ele me imobilizou, me bateu e me violentou; fiquei caída, como se estivesse morta. Finalmente, resolvi ligar para minha mãe, que chamou a ambulância. Ao chegar ao hospital, constataram: eu tinha alguns ossos quebrados, um braço e a bacia deslocados e várias costelas fraturadas. Nem eu mesma pude explicar à doutora como saí caminhando nesse estado; conheci o poder da adrenalina e a vontade de sobreviver.

Depois do hospital, passei um tempo com minha família e tive uma das epifanias mais poderosas da minha vida. Entendi a importância do apoio das pessoas que amamos — como o eram minha família e meus amigos mais próximos.

A experiência foi duríssima. Entre outras coisas, descobri que era muito soberba quando, ao entrevistar vítimas da violência, eu lhes pedia que abrissem seus corações. Quando a vida me pôs no lugar delas, achei que eu devia fazer o mesmo... me atrever. Foi uma das grandes lições de humildade de minha existência. Recebi uma estatística da ONU que revela que a cada 18 segundos uma mulher ou menina é violentada no México. O que eu tinha de especial? Talvez o fato de eu ser uma jornalista conhecida em minha cidade? Não, sou apenas mais uma mexicana que tenta sobreviver em sua pátria. Nem eu nem qualquer outra pessoa merece ser vítima de violência.

O tempo passou, e ainda com um braço numa tipoia e alguns ossos quebrados mas quase cicatrizados, voltei a Cancún. Nesse meio-tempo, meu casamento de 13 anos já estava se deteriorando por divergência de interesses. Havíamos crescido em direções opostas, motivo pelo qual nos separamos uns três meses depois. Saí de casa e comecei a viver num pequeno apartamento que fora meu estúdio por anos. Pouco a pouco, reconstruí minha vida sozinha. Estava feliz, sentia que podia fazer tudo o que queria sem me preocupar. Encontrei novas forças; enfrentei meus medos e transformei a angústia em projetos e ação positiva.

Finalmente, abrimos o centro de proteção a vítimas e o abrigo de alta segurança. Foi então que as amigas que haviam me ajudado no início resolveram abandonar o projeto, justo naquele momento, quando já tínhamos a casa para reformar. Disseram que não poderiam continuar, que tinham família, que não poderiam dar atenção direta às vítimas. Quando comentei com minha mãe, ela disse: "O projeto é indispensável, logo chegarão as mulheres." E o destino delas era ser parte dessa missão. Aos poucos, começaram a aparecer pessoas extraordinárias que construíram uma organização forte, sólida e profissional em que as mulheres e suas crianças reconstroem suas vidas e recuperam seus direitos de sonhar e de viver com dignidade, livre de violência.

No começo, juntaram-se a nós Fernando Espinosa, diretor da Fundação Oásis, e Guillermo Portella, um hoteleiro espanhol que, por acreditar no projeto, fez doações para que conseguíssemos abrir o abrigo e o centro de proteção. O modelo de proteção às vítimas que desenvolvemos tem duas instalações: um centro de proteção externo, público, que presta serviços de trabalho social, psicológico e de segurança, e um abrigo — instalação de alta segurança fora da cidade — em que as vítimas e seus filhos, cujas vidas correm perigo, podem se alojar de três a cinco meses enquanto são ajudadas a resolver seu problema, num espaço seguro, e a elaborar planos para refazer a vida.

Entrei em contato com Claudia, psicóloga e feminista; Emma, assistente social; Magdalena, chefe de enfermagem; e Irma, doce e enérgica administradora. Numa casa pequena, abrimos o centro de atenção às vítimas com base num modelo de abrigo norte-americano. Quando começamos a compreender que muitas das vítimas que nos pediam ajuda e proteção eram casadas ou viviam com homens vinculados às forças policiais ou aos sindicatos, como o dos taxistas (que formam redes de proteção entre si), comecei a utilizar minhas habilidades de repórter investigativa para saber quem enfrentaríamos. Em pouco tempo, desenvolvemos um modelo de segurança e investigação com as vítimas e com as redes sociais.

Umas são vítimas de homens de grande poder, narcotraficantes ou pessoas vinculadas ao crime organizado; e outras, vítimas de operários, homens de classe média, de camponeses ou pedreiros, empresários ou políticos machistas.

Durante um encontro nacional de direitos humanos, conheci Alicia Leal e sua equipe de Alternativas Pacíficas de Monterrey, Nuevo León. Elas haviam inaugurado o primeiro abrigo de alta segurança para mulheres vítimas de violência no México. Alicia me convidou para me unir a um pequeno grupo que tentava criar uma rede nacional de abrigos de proteção às mulheres de todo o país. E aceitei.

As circunstâncias me obrigaram a assumir a direção do CIAM, porque ninguém queria o cargo. Comecei a ler livros de criminologia e vitimologia, capacitei-me enquanto dirigia a revista e pagava, com meu salário de jornalista, parte dos gastos da instituição. Pouco a pouco, amigos jornalistas e empresários se transformaram em padrinhos, pagando os salários das colegas; no entanto, não haveria isenção de imposto de renda até que a associação civil cumprisse dois anos de trabalho consistente de proteção às vítimas e pudesse comprovar. Estava em nossos planos conseguir o que em outros países era uma realidade: que o Congresso destinasse recursos públicos para saldar parte do custo operacional — afinal, proteger as vítimas é responsabilidade do Estado, e as organizações civis desempenham um papel de corresponsabilidade na melhoria das condições de vida dos cidadãos. As políticas públicas contra a violência eram a nossa meta.

Comecei a estudar a história dos abrigos para mulheres maltratadas em outros países. Encontramos uma grande quantidade de mulheres assassinadas pelos companheiros, inclusive na porta dos abrigos, quando os agressores descobriam a localização da instalação. Era a mesma coisa nos Estados Unidos, na Espanha ou na Cidade do México. Decidimos criar um sistema de investigação para tentar nos manter um passo à frente dos agressores, e, com meu trabalho jornalístico, denunciava os atos de corrupção das autoridades judiciais e dos agressores. Falei com a equipe e todos concordaram: a construção da paz exige enfrentar a mais crua das violências, e para isso necessitávamos contar com estratégias pacíficas, inteligentes e novas, mas principalmente profissionais.

Quando fiz 37 anos, tudo o que eu aprendera no jornalismo e no ativismo de direitos humanos se encaixou: as peças do quebra-cabeça se ajustaram, fizeram sentido. Estava preparada para a tarefa, ou, pelo menos, acreditava nisso.

Montamos redes internacionais de capacitação, de proteção e de informação — redes solidárias que poderiam nos salvar de ameaças e perigos. Meu querido amigo, o jornalista Ricardo Rocha, disse-me certa vez em Cancún, depois de conhecer o abrigo CIAM: "Um bom repórter deve investigar cada história como se fosse a última de sua vida." Com base nesse pensamento, investigamos cada história de violência das mulheres que protegemos. Setenta casos perigosos são atendidos por nossa equipe todo mês, mas a sociedade em geral continua tapando os olhos para o problema. Ao longo dos anos, conseguimos que dezenas e dezenas de criminosos, pedófilos, estupradores e assassinos de mulheres pagassem por seus delitos e, o mais importante, que os sobreviventes pudessem reconstruir a vida sem medo de perdê-la por se atrever a dizer "Basta".

Entre as estratégias de segurança, instalamos câmeras de vídeo digital que funcionam vinte e quatro horas por dia, a fim de registrar qualquer atentado ou ameaça dos agressores. Após as primeiras ameaças de morte de um traficante de armas de Torreón e da "madrinha" da Procuradoria de Nuevo León, compramos um gravador telefônico especial para registrar as ameaças e apresentar provas às autoridades. Denunciamos ambos os casos à Procuradoria Geral da República (PGR) e à Subprocuradoria de Delinquência Organizada (SIEDO). Fiz a mesma coisa quando, anos depois, no fim de 2003, Jean Succar Kuri me ameaçou por telefone.

Estive em abrigos similares ao nosso em Nova York e na Espanha. Pouco a pouco, desenvolvemos um modelo de proteção adaptado à nossa realidade, diferente do desses países, devido aos níveis de corrupção e à falta de institucionalidade da justiça mexicana. Em Torreón, Aguascalientes e na Cidade do México, lugares onde haviam sido inaugurados abrigos para vítimas de violência, as mulheres continuavam sendo ameaçadas por seus agressores. O mesmo acontecia em Monterrey com Alicia Leal, em Chihuahua com a extraordinária advogada Luz Castro, ou na cidade de Juárez com Esther Chávez Cano e sua Casa Amiga. Todas protegem as mulheres de suas cidades, mas se encontram indefesas, abandonadas pelo Estado, receosas pelos policiais corruptos e ameaçadas pelos agressores. São organizações de mulheres e homens que transformaram o país. E, apesar do risco, todos acreditavam valer a pena.

Vivíamos entre a luz da esperança, vontade de nos livrarmos da violência, e a escuridão da injustiça e dos abusos do poder. Jesús, um terapeuta amigo a quem venho confiando minhas angústias ultimamente, me aconselhou certa vez: "Você tem de aprender a levar uma lanterna na mão para iluminar o caminho e uma faca na outra para se defender e não se deixar cegar pela luz." Compreendi que ser pacifista, trabalhar para a eliminação da violência, não significa se submeter, mas aprender a se defender sem trair os princípios.

O caso Succar haveria de pôr à prova os princípios em que baseei toda a minha vida. Quando os demônios apareceram, já tínhamos experiência e estávamos preparados para enfrentar qualquer adversidade.

## 2

# Meninas valentes, carrascos implacáveis

Em outubro de 2003, Emma, a jovenzinha de cabelos castanho-claros e rosto angelical, procurou sua ex-professora Margarita e lhe pediu que a ajudasse a denunciar Succar Kuri por pornografia infantil e aliciamento de menores. Foi assim que Emma conheceu a advogada Verónica Acacio, presidenta da organização Protégeme, A. C., que aceitou representá-la, além de outras menores, na denúncia. Em 27 de outubro, a procuradora de Justiça de Quintana Roo, Celia Pérez Gordillo, autorizou a subprocuradora a gravar vídeos da conversa entre Emma e Succar Kuri para obter evidências. Nela, Succar admitiu que havia estuprado meninas de até 5 anos de idade. Nessa época, o jornal *Por esto!*, de Quintana Roo, já fazia uma cobertura completa e regular do caso, e, em poucos dias, toda a imprensa do Estado fez o mesmo. Em 29 de outubro, o magnata empresarial Kamel Nacif e seus advogados orquestraram a fuga de Succar Kuri após o anúncio de que ele seria preso no dia seguinte.

Em 30 de outubro, Gloria Pita, "La Ochi", esposa de Succar, ligou para Emma e para sua mãe para ameaçá-las, caso não retirassem a denúncia contra seu cônjuge. Com aval da subprocuradora, foram grampeados dois telefonemas em que Gloria admitia, clara e expressamente, ter conhecimento explícito das atividades pedófilas de seu marido e de ter em seu poder vídeos pornográficos de meninas com Succar Kuri. Entre esses vídeos, advertia Gloria, havia os que mostravam Emma incorrendo em atos sexuais. A mulher do pedófilo ameaçou a jovem dizendo que os vídeos seriam exibidos, se ela insistisse com a denúncia.

Em 2 de novembro, Emma denunciou Jean Succar Kuri, dessa vez à PGR, pelo crime de pornografia infantil e estupro — dela mesma desde os 13 anos e de sua irmã e sua prima, de 8 e 9 anos, respectivamente, além de outras meninas. No depoimento, ela afirmou que Succar tinha contato com meninas dos Estados Unidos e as oferecia a Kamel Nacif Borge, Miguel Ángel Yunes Linares e Alejandro Góngora Vera. Emma também afirmou que Succar lhe dissera ter proteção do conhecido político Emilio Gamboa Patrón, o que o tornava intocável. Após a denúncia, a jovem procurou Óscar Cadena, que, anos antes, se tornara famoso com um programa na Televisa chamado *Ciudadano infraganti*. Emma pediu a Óscar que a entrevistasse em seu programa ("Encadénate") na TV local, pois temia por sua vida. Cadena aceitou o pedido.

Em 4 de novembro, outra menor se apresentou à PGR. A menina narrou como, desde os 6 anos, Succar Kuri a violentava e fazia vídeos com ela. Outra vítima, ainda menina, declarou que, no jardim de infância, conhecera Succar Kuri na casa de sua vizinha e que ele começara a abusar dela aos 5 anos. Outras três menores, que não conheciam Emma, declararam dias mais tarde fatos semelhantes. Era dia 7 de novembro de 2003 quando o Terceiro Tribunal expediu uma ordem de busca nas Villas Solymar, propriedade de Succar. Na investigação, apareceu um envelope com centenas de fotografias pornográficas de meninas mexicanas e estrangeiras. Em cerca de 20% dessas fotografias, apareciam meninos menores de 16 anos mantendo relações sexuais com meninas menores de idade e que eram violentados por homens mais velhos. Segundo as autoridades federais, havia vinte vídeos comprometedores filmados por Succar, que depois desapareceram. Um ano depois, policiais de Cancún os puseram à venda por 40 mil dólares cada um.

A situação para as vítimas havia se tornado perigosa, de modo que Emma me pediu que, como jornalista, a ajudasse a contar sua história, pois fora ameaçada de morte. Após um tempo, aceitou ajuda do CIAM Cancún para ela e outras vítimas.

Em 12 de novembro, a Interpol informou que iniciara uma investigação contra Jean Thouma Hanna Succar Kuri por "lavagem de dinheiro", e que ela se estendia a, pelo menos, oito cidades turísticas do país, onde Succar também tinha residências, lojas de roupas, joalherias, restaurantes e outras propriedades em seu nome. Pouco a pouco, foram surgindo indícios de tráfico de menores para exploração em turismo sexual, a serviço de homens poderosos do México e dos Estados Unidos. As jovens, sem compreender a magnitude dos fatos, contaram como Succar as tinha levado para Los Angeles e Las Vegas, onde foram forçadas a fazer sexo com empresários amigos do libanês. Também explicaram que outras meninas norte-americanas eram levadas a Cancún para serem exploradas; no entanto, ninguém sabia do paradeiro delas. Entre as fotografias pornográficas resgatadas pelos agentes federais, há a de uma menina de apenas 4 anos, loura e com os cabelos cortados ao estilo Príncipe Valente, amarrada pelos pulsos e nua, com um homem velho e barrigudo, nu, com o pênis ereto na frente de seu rosto assustado.

Nem os agentes federais sabem como agir diante da repulsa emocional que lhes causam essas imagens; nem eles, os investigadores, escapam da sensação de medo que semelhante ato de crueldade gera. Todos, durante longas discussões em busca de hipóteses criminológicas, invectivam o pedófilo fugitivo e seus cúmplices. Com todas as evidências, uma espécie de pacto contra a brutalidade cresce entre os que investigam honestamente e os que protegem as vítimas. O medo permeia tudo, ninguém se salva, nem os mais experientes agentes do Ministério Público Federal. Em mais de uma ocasião, vi pessoas chorarem lágrimas de angústia e desolação diante da possibilidade de não poderem deter essa rede de pedófilos. Todos choramos — algumas vezes em silêncio — e respiramos fundo para continuar atrás de pistas. Da mesma forma, perguntamo-nos o que leva um homem a destruir a vida de uma criança indefesa. As perguntas eram incontáveis; as respostas, limitadas e infrutíferas. O único argumento que por muito tempo nos confortou era a lembrança da valentia dessas meninas. Se elas, que haviam conhecido o inferno, eram capazes de continuar narrando sua dor, ninguém tinha o direito de se render.

## Emma e o DEPA

Numa noite chuvosa em novembro de 2003, eu saía do escritório quando tocou meu celular: era uma senhora que me conhecia do programa de televisão. Alguma amiga em comum havia lhe dado meu número. Com voz angustiada, ela me contou que tinha um problema com uma amiguinha de sua filha e me pediu que fosse à sua casa, pois não sabia o que fazer. Perguntei se era uma emergência ou se poderia esperar até o dia seguinte. Ela me garantiu ser questão de vida ou morte. Entrei em meu carro, peguei papel e caneta e anotei o endereço.

Dirigi até uma área de classe média, com blocos de apartamentos populares: edifícios pequenos, de três andares, com seis ou oito apartamentos. A rua estava escura, era temporada de furacões e havia chovido. Os edifícios idênticos tornavam difícil localizar o número, mas consegui encontrá-lo. Antes de sair do carro, liguei para avisar que havia chegado. Observei ao meu redor, tirei um spray de gás lacrimogêneo da bolsa e o levei comigo. Atravessei a calçada em meio a uma escuridão perturbadora, subi a escada e, ao ver que a mulher me esperava com a porta aberta no segundo andar do edifício, guardei o spray na bolsa e lhe dei boa-noite.

Entrei no apartamento, e ela me recebeu com um beijo e um gesto de angústia. Tratava-se de uma mulher magra, de uns 40 anos, com cabelos curtos penteados para trás e um olhar escuro e doce, que transmitia preocupação. Usava um vestido estampado de algodão e um suéter cor-de-rosa apertado (era época de baixas temperaturas, e as pessoas dessa região usam suéteres e casacos). O apartamento era bem simples, a primeira coisa que observei foram duas garotas: a filha da senhora, uma menina bonita, de cabelos negros, de pé a seu lado, e, sentada num sofá pequeno, uma garota loura, de traços finos, com olhos castanhos injetados e olhar machucado pelo medo e pelo choro, com o rosto lavado. Ela apertava as mãos com angústia e me olhava atordoada, em silêncio. Finalmente, a mulher disse: "Bem, ela se chama Emma. Eu expliquei para ela que conheço você, que tem um programa de televisão e que ajuda mulheres maltratadas. Ela a viu na televisão e me pediu que ligasse, porque precisa de ajuda. Por favor, se precisar de alguma coisa, avise." Ofereceu-me um copo-d'água, que me entregou apressada. Abraçou sua filha, e as duas sumiram atrás da porta de um quarto.

A jovem estava em estado de choque. Explodiu em lágrimas, começou a dizer que vivia desesperada e pediu que eu a ajudasse.

Na cozinha, havia uma TV ligada na novela. Nós duas estávamos sentadas numa pequena poltrona perto da janela. A cozinha ficava a uma distância de um metro e meio, com a televisão pendurada no teto. Eu quis desligá-la quando a menina começou a falar, a fim de me concentrar no que ela me contaria, mas sua reação foi brusca: disse que a televisão deveria ficar ligada porque passaria algo sobre seu caso no noticiário de López Dóriga. Falava atropeladamente. Contou que havia denunciado seu estuprador. Lembro com clareza o inquietante barulho da televisão ao fundo.

A jovem, infantilizada, começou a me explicar de maneira desarticulada sua história. Primeiro narrou que, quando tinha 13 anos, uma amiguinha a convidara para conhecer um senhor muito bacana, que as convidara para nadar em seu hotel, em suas casas de campo na zona hoteleira, que era um homem muito rico, a quem chamavam "El Johnny" e que tinha lojas de joias, de roupas, que lhes dava presentes e que lhes comprava coisas para a escola, livros, roupas caras etc. Ela resolveu acompanhar a amiga. Passaram a visitá-lo com frequência, e o homem começara a abusar delas sexualmente e a lhes dar dinheiro. Emma ia e vinha de um acontecimento para outro, desordenadamente, como quem estava cansada de contar a mesma história. Estava nitidamente assustada e às vezes chorava. Começou a tremer e a dizer que não confiava em ninguém, que ia ficar louca e que tinha muito medo.

Tentei contê-la e quis tirá-la mentalmente da história que a angustiava. Peguei as mãos dela e lhe pedi que respirasse devagar e que tomasse um pouco de água. Eu disse meu nome e lhe expliquei que imaginava ser muito difícil o que ela estava vivendo. Ela me respondeu que sabia que eu havia escrito alguma coisa no jornal sobre o seu caso e que a tinha defendido. Perguntou-me por que eu fazia isso, apesar de não a conhecer. Expliquei que ela era uma jovem muito valente e que a maneira como alguns jornalistas haviam tratado o assunto era muito grosseira. Insisti em lhe explicar que ela não era responsável pelos fatos: "O que aconteceu é um crime cometido por um homem adulto contra uma menor. A lei protege você", disse-lhe, conhecendo o peso de minhas palavras. Eu soubera do caso pela imprensa local e havia feito apenas o que era a minha especialidade: uma coluna de opinião em que analisava os direitos humanos das vítimas de abuso sexual. "Milhares de mulheres sobrevivem a isso e podem voltar a ser felizes", continuei, olhando-a nos olhos.

Depois disso, Emma foi se acalmando. Um sorriso sutil escapou de seus lábios e tingiu suas faces de carmim. De repente, começou a escalada do noticiário de Joaquín López Dóriga. Como uma gazela a ponto de fugir, ela desviou o olhar para a televisão. A voz do locutor anunciou os primeiros dados de um escandaloso vídeo em que apareceria a confissão de um pedófilo. A garota se transformou e começou a me pedir angustiada que ligasse para o jornalista, que interrompesse o que estava a ponto de ser transmitido, mas eu não compreendia o que ela falava. "Você é jornalista, por favor, ligue para López Dóriga, peça que não passe o vídeo", implorava reiteradamente: "Vão me matar, vão me matar! Por favor, não deixe! Você não conhece eles!", sentenciou num ataque de angústia. Realmente, eu não sabia quem eram aqueles fantasmas a quem a jovem temia com o ímpeto de quem foge da morte anunciada.

No programa, deram um resumo do caso Succar e passaram uma parte do vídeo em que, com toda a calma, o homem confessava como estuprava as meninas de 5 anos. Naquele instante, tocou um celular. Nós duas nos sobressaltamos. A jovem olhou o aparelho, e seu rosto se contraiu com uma máscara de terror. Atendeu, aproximando-se para que eu escutasse com ela, e me disse baixinho tapando o microfone do celular: "É o filho do Johnny." Então, a voz de um rapaz começou a insultá-la: "Emma, sua vagabunda, estou vendo na TV o que você fez com o meu pai. Ou se retrata ou vou matar você." O jovem desligou, e ela entrou em crise outra vez. Voltou a me pressionar, e eu calmamente a abracei, tentando entender o nível de perigo em que ela estava e no qual estaríamos todos os que nos dispuséssemos a ajudá-la a partir daquele momento.

Perguntei a ela sobre o filho de Succar. Ela garantiu que ele andava sempre armado, que era norte-americano, morava na Califórnia, muito perto de Los Angeles, que sabia que podia matá-la e que era capaz disso e de muito mais. "Por que vai matar você?", perguntei. Começou a falar, sem parar, dos amigos poderosos de Succar Kuri: políticos com trânsito na Presidência da República, deputados, governadores... Suas palavras se elevavam ao ritmo de quem constrói uma escultura capaz de revelar a própria imagem do poder total. Subitamente, parou, e então lhe perguntei sobre sua mãe. Sua voz mudou e seu rosto se encheu de tristeza. Contou-me que sua mãe era alcoólatra e muito pobre, que vivia com seu padrasto, mecânico, e que ambos eram muito ignorantes e não sabiam o que se passava com ela. Olhando as mãos que apertavam um pedaço de lenço úmido, disse que sua mãe estava irritada e assustada.

De repente, começou a tremer e a dizer que iam encontrá-la e que talvez a estivessem escutando. "Preciso que me ajude, porque você é jornalista, e em seu programa vamos poder dizer a verdade. Senão vão me matar. E vão matar minha mãe e minha irmãzinha. Vão matar a mim e minhas primas, porque já demos o depoimento." Insistia, repetindo as frases seguidamente, baixando a voz, como se, ao dizê-las, perdessem peso e significado.

O programa de López Dóriga continuava abordando o assunto. Perguntei: "É você que está na frente dele?" Respondeu que sim. Chorou de novo ao ver sua imagem na televisão. "Pare com isso, pare! Por favor, fale com alguém", e me dava o telefone. "Pare com isso, diga a eles que parem", chorava. "Eu não tenho nenhum poder para parar um programa na Televisa. Nenhum", insisti, mas ela não parava de me pedir, de modo que peguei o celular e liguei para Ernestina Macdonald, a correspondente da Televisa em Cancún, e lhe disse: "Ernestina, sabe se vão passar mais vídeos de Emma e Succar no programa? Por favor, não mostrem o rosto dela, porque é muito perigoso!" Ernestina, muito fria, respondeu: "Não, não aparece o rosto da menina, só o do estuprador." Foi a primeira vez que vi o vídeo. Ao escutar certas frases, perdi o fôlego, um ácido me subiu pelo esôfago e minha boca secou na hora. Olhei para a jovem, mas não podia nem imaginar como ela se sentia. Seus olhos ficaram fixos na tela, e ambas escutamos em silêncio. A jovem apertava suas mãos como querendo tirar delas uma sujeira inexistente. Então, percebi um vazio no meu estômago, e um arrepio gelado me percorreu o corpo. Olhei de esguelha para ela, perguntando-me: "Como conseguiu filmar seu carrasco?" Senti orgulho dela, e sua coragem me comoveu.

O vídeo foi gravado no jardim de um restaurante do Centro da cidade. O som é muito nítido, e podem-se ver imagens do rosto de Jean Succar Kuri enquanto fala, bebe um suco, brinca com o canudinho e vez por outra sorri. O rosto da entrevistadora quase não aparece, mas sua voz denota a ansiedade da vítima que se expõe diante de seu agressor com a finalidade de obter provas, uma confissão tácita, que, enfim, aparece.

Succar: Lesly ia à minha casa dos 8 aos 12 anos. Tomava banho comigo, ficava muito tempo comigo, dormia semanas inteiras comigo e nunca lhe fiz nada.

Emma: Mas você a beijava e a tocava.

Succar: Já disse que isso é permitido! Esse é o risco de ir à casa de um cara velho que está sozinho. Os pais só diziam: "Cuide da minha filha, cuide da minha filha." Isso é permitido. Por exemplo, eu dizia a Lesly: "Me traga uma de 4 anos", e, se ela diz que já foi fodida, vejo se vale ou não a pena meter o pau. Você sabe que sou viciado nisso. Sei que é crime, mas isso é o de menos, pois uma menina dessa idade não tem defesa; a gente a convence rápido e a fode. Fiz isso a minha vida toda. Às vezes, elas me armam alguma, porque querem ficar comigo, porque tenho fama de ser um bom pai...

Na verdade, eu não sabia o que dizer. Era muita informação brutal. Já era tarde da noite, mas eu queria fugir, sair correndo. No entanto, tentei me concentrar e pensei: "Meu Deus, quantas meninas são? Onde estão?" Não era hora, porém, de mostrar as minhas angústias. A garota precisava ser ouvida, e eu, compreender a história para ajudá-la. Respirei fundo e lhe fiz as perguntas que me levaram a aspectos específicos, que nos tiraram do labirinto emocional das descrições cruas e violentas. Usei de toda a minha experiência como repórter: "Buscar a verdade, não se envolver, se comover mas não se envolver", pensei, acalmando minha mente.

A jovem me explicou que aquele vídeo havia sido entregue à Subprocuradoria da zona norte. O subprocurador Miguel Ángel Pech Cen fizera cópias e o apresentara à imprensa quando anunciara a investigação sobre a rede de pornografia e prostituição infantis comandada pelo empresário de origem libanesa.

Passamos umas duas horas falando. Ela repetia que havia centenas de fotografias, uns vinte vídeos pornográficos dela e de outras meninas de até 5 anos. Eu tirava forças de onde me era possível, registrava as histórias e evitava imaginar a dor das crianças — nesse instante não havia lugar para minha angústia pessoal. Dei-lhe algumas dicas para se proteger, a fim de evitar que continuasse me contando toda a história em detalhes, pois isso a levava irremediavelmente a um estado de angústia irrefreável. Prometi a ela que faríamos o que quisesse. "Precisamos pegar minha irmãzinha e as outras meninas. Estão presas no DIF e assustadas", disse ela. "Estão presas por quê?", perguntei surpresa. "Porque denunciamos, e não querem que fiquem com suas mães. Leidy Campos, da Procuradoria, diz que as mães devem ter culpa por não cuidar delas... Mas elas não sabiam de nada, juro, juro", insistia com os olhos vidrados e úmidos. "Johnny filmava a gente na primeira vez e nos mostrava os vídeos. Se você entrava na rede dele, não podia mais sair." Anos depois, ficaríamos sabendo que muitas crianças mantinham-se em silêncio por causa das ameaças de Succar.

Perguntei a Emma se ela poderia dormir no apartamento aquele dia, para ficar em segurança, e lhe pedi que no dia seguinte fosse ao meu escritório, onde montaríamos um plano para resgatar as meninas e proteger suas famílias. Ela concordou.

Bati na porta do quarto da senhora, que se levantou, e lhe expliquei quase num sussurro que tudo ia acabar bem. Ela me abraçou e me perguntou ao ouvido se achava que realmente poderiam matar a garota. Respondi que não sabia, que teríamos de investigar melhor, mas que em sua casa ela estava segura. "É uma boa menina", disse, "mas sofreu muito."

Saí do apartamento, entrei na minha caminhonete e coloquei um CD de jazz; aumentei o volume, ouvi a voz marcante de Sade, respirei profundamente e tentei me acalmar a caminho de casa.

No dia seguinte, levantei às cinco da manhã, tomei um copo grande de suco de laranja e fui até a sacada. A beleza da paisagem contrastava com as histórias que eu acabara de descobrir. Estendi meu tapete de ioga e fiz exercícios durante mais de meia hora. Antes de tomar um banho, lembro que olhei o espelho prateado da lagoa, o céu primitivo, e pensei: "Sem medo. As meninas estão vivas, vamos protegê-las."

Dirigi até meu escritório pensando que estratégias iria apresentar para a minha equipe do CIAM. Repeti várias vezes para mim mesma: "Pensemos no que poderemos fazer para amenizar tudo de ruim que já aconteceu." Como uma alpinista disposta a ir até o fundo do poço com suas companheiras, eu revisava em silêncio minhas ferramentas emocionais — como quem conta e amarra suas cordas de salvamento, martelo e mosquetões; para evitar cair no precipício, as roldanas deviam estar seguras. Fiz uma lista de estratégias: pessoas a quem pedir ajuda, telefonemas que deveria dar, informação para compartilhar com colegas, caso o assunto fosse tão perigoso quanto eu pressentia.

No dia seguinte, Emma chegou ao escritório às dez da manhã. Eu já havia delineado algumas ideias com a minha equipe, e telefonamos para o DIF municipal. Quando liguei para a advogada Verónica Acacio e lhe expliquei o que havia acontecido, ela me disse que se tratava do caso delicadíssimo de que tinha me falado alguns meses antes. Fiquei desconcertada e tentei lembrar o que Verónica me havia dito antes. Não trocamos nenhuma informação específica nem citamos nomes pelo telefone, de modo que decidi esperar. No Protégeme e no CIAM Cancún, geralmente nos referimos aos casos pela especialização de cada instituição, mas nunca imaginei que Acacio já soubesse que a PGR tinha indícios concretos de crime organizado no caso Succar. Depois Verónica me lembraria dos nomes-chave: Kamel Nacif e Emilio Gamboa.

Em 21 de novembro de 2003, à tarde, o procurador geral da República, Rafael Macedo de la Concha, fez sua primeira aparição pública nos recém-inaugurados escritórios da delegação da PGR em Cancún, para se manifestar sobre o caso *Succar*. Com o rosto praticamente inexpressivo, disse com cuidado suas primeiras palavras à imprensa:

> "A Agência Federal de Investigações e a Interpol trabalham na localização do pedófilo Jean Thouma Hanna Succar Kuri, que também está sendo processado por suposta lavagem de dinheiro."

Na sala de imprensa, ecoou um murmúrio de perguntas. Os jornalistas presentes contavam havia mais de trinta dias as histórias encontradas. Publicaram tanto fotografias em que se exibiam com clareza os rostos das meninas vítimas de abuso quanto retratos de seus pais. Ao mostrar as fachadas das casas das famílias, evidenciava-se diante dos vizinhos quem eram as mães das vítimas, que eram julgadas de antemão por ter — supostamente — entregado suas filhas ao pedófilo. Então, liguei para o diretor da Interpol, na capital do país. Eu o conhecera graças a uma amiga especialista em violência, que nos apresentara e lhe explicara quem eu era e o trabalho do CIAM. Propus a Emma que contasse o que sabia, e ela aceitou. Fomos em seguida para a Cidade do México. Levei Emma ao escritório do funcionário e esperei num compartimento próximo enquanto a jovem explicava ao diretor Ricardo Gutiérrez quem eram os homens poderosos que protegiam Succar Kuri; depois ela lhe entregou as provas que tinha, e voltamos para Cancún.

Após uma longa sucessão de acordos e esforços com o DIF estadual e a Procuradoria, Emma, seus parentes e outras três famílias de meninas e meninos abusados passaram a receber proteção e atenção especial do CIAM Cancún. Emma recebeu apoio psiquiátrico externo.

Sua advogada era Verónica Acacio, e nós ajudamos a elaborar a estratégia de segurança. Emma me pediu que a ajudasse a contatar os jornais que pudessem contar a história verdadeira; concordamos que, se o caso fosse publicado nos Estados Unidos, seria mais fácil que o país entendesse a prisão de Succar Kuri. Vários jornais, como o *Arizona Republic*, o *Dallas Morning News* e outros, entrevistaram Emma e as mães de outras vítimas. A jovem conquistou a admiração por sua persistência e valentia, apesar das recaídas — normais numa situação dessas.

Quando o processo natural de quatro meses acabou, foram feitos planos de segurança para que as famílias se mudassem e continuassem com terapia externa, seguindo o protocolo de proteção. Passar mais tempo no abrigo, que no começo dava tranquilidade, pode se transformar em algo angustiante para as famílias. Para o bem de sua saúde psicoemocional, deveriam começar a reconstruir suas vidas. Estava em suas mãos, particularmente nas das mães — e dos pais, nos casos em que se achavam presentes —, manter-se firmes e não se deixar cooptar por Succar Kuri. A área de proteção a vítimas e direitos humanos da PGR havia se comprometido a lhes dar proteção e acompanhamento, coisa que nunca fora feita.

Emma pediu para ir para a Cidade do México. O jornalista Ricardo Rocha, meu amigo que havia coberto o caso em seu programa matutino e no Reporte 13, conhecia as vítimas e se sentiu profundamente comovido com suas histórias. Emma já tinha 21 anos — embora parecesse mais jovem —, e Rocha lhe ofereceu trabalho na área de produção de notícias. A jovem, cheia de esperanças, se mudou para a capital, enquanto o Protégeme, A. C. e Verónica Acacio pagavam seus estudos. Ela se hospedou num apartamento sensacional em Coyoacán, com uma amiga escritora que poderia tomar conta dela. Suas andanças pela Cidade do México eram feitas com um motorista que a protegia das ameaças de Succar. A proteção foi muito cara, mas havia muita gente comprometida para evitar que Succar cooptasse suas vítimas novamente. As autoridades iam revelando mais nomes da rede de crime organizado.

As famílias continuavam com sua terapia externa; no entanto, cansadas com os inumeráveis interrogatórios da PGR e com as recaídas emocionais das crianças de 12 e 13 anos, foram se irritando com as autoridades. Os meses passavam e lhes exigiam avaliações psicológicas e médicas constantes. Uma tarde, Lety, mãe de uma das menores, pediu para falar comigo a sós. Ela é uma mulher doce, embora profundamente machucada pela dor. Como já não aguentava mais, insistiu: "Estamos há quase um ano assim; quando isso vai acabar? É um inferno." Expliquei que a advogada Acacio calculava que a extradição de Succar poderia demorar entre um e dois anos. Ela não acreditou. Disse que já haviam lhe explicado que o julgamento poderia levar outros dois anos. Ela e seus filhos não resistiram por muito tempo. A senhora Lety decidiu refazer a vida com suas crianças em outro lugar; disse que, quando trouxessem Succar, elas voltariam para o julgamento. Era preciso estar em sua pele para julgá-la; estava no seu direito ao desejar encerrar aquele capítulo de terror de sua vida. A lentidão das autoridades se transformava num aliado dos agressores.

Pouco a pouco, enquanto a burocracia das autoridades fazia de sua vida um pesadelo, os advogados de Succar e Kamel Nacif procuraram os familiares e as redes de apoio das vítimas. Ameaçaram-nos e lhes ofereceram dinheiro. Alguns aceitaram, outros não.

Um ano e meio depois de termos entrado no caso Succar, continuavam chegando a nossos escritórios meninas abusadas pelo libanês.

A cada nova história se somavam narrativas de incompetência do Ministério Público, de meninas levadas para a Califórnia que não voltavam, de meninas norte-americanas trazidas para o México para fazer sexo com os amigos de Succar. Ao mesmo tempo, os vínculos criminais se tornavam evidentes, e minhas fontes e contatos revelavam que o poder de Kamel Nacif, amigo de Miguel Ángel Yunes Linares e de Gamboa Patrón, havia conseguido congelar o caso na PGR. Succar poderia sair livre, e as famílias que continuavam em contato com a gente estavam aterrorizadas diante dessa possibilidade.

## Os demônios em papel

Em dezembro de 2004, David Sosa, um amigo jornalista, entrou em contato comigo porque a editora Grijalbo procurava um jornalista que pudesse contar a história de Succar Kuri; eu disse que o ajudaria, que seria uma boa ideia publicar os crimes do pedófilo, e que talvez isso contribuísse para destravar o caso em âmbito federal. Examinamos toda a informação que eu dispunha, mas, depois que a viu, Sosa disse não querer mais participar e que eu a escrevesse sozinha.

Viajei ao Distrito Federal, e a editora me pagou 10 mil pesos pelo livro. O dinheiro evaporou em duas passagens de avião, usadas para entrevistar minhas fontes na PGR e na Interpol. Três meses depois, entreguei à editora *Los demonios del Edén. El poder que protege a la pornografía infantil*. Eu o escrevi em poucas semanas, mas a documentação havia sido reunida ao longo de dois anos.

Carlos Loret de Mola e Jorge Zapeda Patterson lançaram o livro na Casa da Cultura Jaime Sabines, na cidade do México, em abril de 2005, rodeados por um grupo de agentes especiais contra o crime organizado (SIEDO) enviado por José Luis Santiago Vasconcelos, então subprocurador dessa área. Dias antes do lançamento, enquanto a editora programava um "tour de imprensa" para promover o livro, eu esperava sentada no escritório de Ariel Rosales, meu editor. Em algum momento, Faustino Linares, então diretor-geral da Random House Mondadori, irrompeu no escritório. Com tom de voz doce e quase fleumático que o caracterizava, o homem idoso, recém-chegado da Espanha para dirigir a editora no México, nos perguntou: "Quem é o senhor Miguel Ángel Yunes?" Ariel e eu trocamos um olhar e lhe explicamos que ele fora nomeado subsecretário de Segurança Pública Federal. "Puxa, ele me ligou e quer que eu vá vê-lo em seu escritório hoje mesmo. Em duas horas, se possível." Pedimos a Faustino que se sentasse, pois tínhamos que lhe explicar quem era o personagem político e seu papel na história de meu livro que, evidentemente, o diretor-geral não havia lido.

Eu levava uma pasta com cópias de algumas provas documentais — obtidas durante minha investigação jornalística —, que lhe mostrei, e previ que Yunes tentaria impedir o lançamento. E assim foi. Faustino e o editor foram aos escritórios da Secretaria de Segurança Pública. Na entrevista, Yunes lhes disse que seu nome nunca deveria ter aparecido no aludido livro. Ele ficou sabendo que eu havia transcrito somente as declarações que estavam consignadas no processo contra Succar Kuri. Depois leu algumas cartas de funcionários que, segundo ele, o exoneravam de qualquer responsabilidade no caso. Essas mesmas cartas haviam sido publicadas tempos atrás em *La Jornada*, quando Yunes exercera seu direito de réplica por causa de uma reportagem desse jornal que indicara seu nome como tendo sido citado no processo contra o pedófilo. Depois de ler pessoalmente as cartas, tentou convencê-los de que também deveriam ser lidas no lançamento do livro, para depois emitir uma declaração em que a editora me desqualificaria, já que não avalizava que tivesse sido transcrito no livro o nome de Miguel Ángel Yunes. Obviamente o diretor da editora se negou a fazê-lo, embora tenha lhe oferecido que eu o entrevistasse para acrescentar sua versão numa nova edição. Yunes disse que não falaria comigo. Então foi proposto que ele escrevesse um texto em que expusesse sua posição. Esse texto e os fac-símiles das cartas poderiam fazer parte de um apêndice na nova edição. Além disso, o texto poderia ser lido pelo editor do livro durante o lançamento, assim como o conteúdo de suas cartas. Disse que iria pensar, mas que também a editora pensasse no que ele havia proposto primeiro. Depois da entrevista, Yunes insistiu por telefone e até mandou uma enviada para saber se haviam aceitado sua proposta. Responderam que não, mas que continuavam de pé as ofertas que a editora lhe havia feito.

Faustino me contou em detalhes a reunião, e concordamos ser necessário avisar outra autoridade. Liguei, então, para José Luis Santiago Vasconcelos, na época subprocurador da SIEDO da PGR. Na presença de Faustino e do editor, expliquei ao funcionário os fatos acontecidos no escritório de Yunes. O subprocurador me pediu o endereço do lugar onde seria realizado o lançamento. Antes de desligar, Santiago Vasconcelos me disse para não me preocupar porque estaríamos protegidos. Ao chegar à Casa da Cultura, o espanhol não acreditava no esforço de segurança enviado pela SIEDO. Nós nos olhamos, e Faustino, quase em voz baixa, nos disse: "O que será que sabem de Yunes?"

O lançamento foi um sucesso, sob o olhar vigilante de um dos sócios de Succar Kuri e procurador de Emilio Gamboa em seus negócios no Fonatur, o ex-diretor do Fundo Nacional de Turismo, Alejandro Góngora, que foi acompanhado de um advogado.

    O livro vendeu bem, se considerarmos que a autora era uma desconhecida. Nos meses seguintes, vários fios relacionados com o caso Succar se moveram e alguns nós se desataram graças ao papel desempenhado por jornalistas que leram com profundidade o assunto: a pornografia infantil e o risco de Succar escapar. Também começaram a aparecer testemunhos de todo tipo. Sem imaginar o impacto que isso teria, ao entregar o livro à editora, pedi que na contracapa aparecesse meu e-mail pessoal. Quase imediatamente comecei a receber umas vinte mensagens por semana e, paulatinamente, uma centena. Procediam de leitores e leitoras de todas as idades. Pessoas me contando que o livro lhes lembrara o abuso vivido por elas na infância, e outras simplesmente me agradecendo por contar a história. Então, jovens de Cancún, principalmente, começaram a entrar em contato comigo, eram agora adultos entre 24 e 26 anos que queriam conversar após terem lido o livro. Reuni-me com alguns e tive uma grande surpresa: a quantidade de jovens que sabiam de Succar Kuri e de seu fascínio por crianças ultrapassava minha imaginação. Alguns deles haviam estudado em La Salle de Cancún e me contaram como, ao ler o livro, entenderam muitas coisas que haviam acontecido. Segundo suas palavras, era segredo havia uma década. Um segredo que os adolescentes guardavam sem compreender as consequências de seu silêncio.

    Com o passar dos meses, as referências ao livro foram desaparecendo dos meios de comunicação, mas não os telefonemas e denúncias de leitores e leitoras preocupados com esse e outros casos semelhantes. Eu continuei a minha vida, trabalhando no CIAM e ao mesmo tempo investigando casos de tráfico de mulheres e menores, para um futuro livro.

De vez em quando, alguma vítima do caso Succar nos avisava que havia mais ameaças de morte e que os advogados dele as procuravam, particularmente as meninas, nos arredores de suas escolas, e as mães em suas casas, para lhes oferecer entre 100 e 200 mil pesos em troca de que assinassem um documento com os advogados em que se retratariam das histórias narradas por suas filhas e filhos. Nós as aconselhamos, e elas denunciaram as ameaças às autoridades, porém nada aconteceu, exceto que, em silêncio, algumas das mães — duas em particular — aceitaram o dinheiro dos advogados e foram forçadas a assinar um acordo para admitir a retratação e levar suas menores a fazer uma declaração. O argumento mais sólido — crível, dada a impunidade no México — foi que Succar sairia livre e, se não cooperassem, mandaria matá-las de qualquer forma.

O IMPÉRIO CONTRA-ATACA

Em uma tarde de meados de maio de 2004, Emma ligou para me cumprimentar. Para meu espanto, disse que Succar finalmente a localizara. Congelei; havia meses que fazíamos o possível para ajudá-la a reconstruir sua vida dignamente, para que estudasse e fosse à terapia, para que tivesse um trabalho que lhe permitisse aprender como se ganha dinheiro com dignidade, e que aquilo que Succar havia ensinado durante anos em sua puberdade — que as mulheres e as meninas não servem para nada além de ser prostitutas — era falso. Ela disse que seu tio de Mérida havia sido localizado por Succar, que havia ligado da prisão no Arizona. Assim, o tio telefonara para a sobrinha e lhe dissera que achara conveniente que ela atendesse ao telefonema e escutasse o que Succar tinha para lhe dizer. A conversa entre mim e Emma parecia incrível: eu estava com Alicia Leal, a diretora do abrigo Alternativas Pacíficas de Monterrey, a quem permiti ouvir a conversa. Não sabia o que mais dizer para a jovem que, de repente, defendia seu estuprador e argumentava que ele não tinha sido tão mau. Alicia me olhava, dizendo em voz baixa: "É a síndrome de Estocolmo."

Eu sabia o quanto era difícil para as vítimas de crimes dessa natureza romper o paradoxal vínculo com seu agressor, mas aquilo me parecia demais. Emma já estava livre dele; Succar havia sido preso em 4 de fevereiro, em Chandler, Arizona, a pedido da Interpol e graças a pressões das organizações de direitos humanos.

Mas Emma insistia que eu não entendia o poder dos amigos de Succar. "Vão nos matar, Lydia. É melhor a gente negociar." Argumentei de todas as formas possíveis, o desespero turvou minha mente, fiquei sem palavras. Alicia Leal, especialista em proteção às vítimas, estava prestes a ir à Cidade do México. Ela se ofereceu para falar com Emma, que aceitou. No entanto, dias depois, Alicia me telefonou preocupada e me explicou que a jovem mostrava uma mistura de medo, amor e necessidade em relação a seu agressor. Não é à toa que são escolhidas ainda pré-adolescentes, pois assim corrompem sua visão de si mesmas e da vida.

Algumas semanas depois, no final do verão de 2004, Emma desapareceu da capital. Cancelou seu telefone celular, não se despediu de ninguém e nunca mais voltou à escola. Preocupadas, nós a procuramos, mas ninguém sabia de seu paradeiro. Enquanto isso, outras mulheres e meninas queriam o nosso apoio; apesar de tudo, a vida seguia seu curso.

Dez meses mais tarde, em maio de 2005, certa noite eu conferia meus e-mails quando um calafrio se apoderou de mim: ali estava, diante dos meus olhos, uma mensagem de Emma que dizia, de maneira desarticulada, que os advogados de Succar Kuri a tinham levado para Los Angeles e que estava com medo de que ele a matasse quando saísse da prisão. Duas ideias desconexas e uma espécie de desculpa velada pelo que iria acontecer era tudo o que a jovem escrevia, mas alguma coisa na mensagem não parecia fazer sentido. Embora ela estivesse aparentemente irritada comigo por ter publicado o livro, noutra linha me dizia que era bom que o tivesse escrito porque "Succar já não tocaria em outras menininhas". Pedia que eu não a procurasse mais, que faria o que devia fazer.

Dias depois, durante o programa matinal de Carlos Loret de Mola na Televisa, a jovem apareceu com os cabelos pintados de louro platinado, idênticos ao da esposa de Succar, com permanente e uma pequena pedrinha de cristal na testa (à moda hindu). Com um discurso decorado, defendeu Succar Kuri em cadeia nacional e argumentou que o conteúdo do meu livro estava infestado de mentiras.

Sentada na cama diante da televisão, minha incredulidade era total frente a esmagadora tristeza que invadiu meu coração. "Não, não, Emma, vão destruir você", eu me ouvi dizer à televisão, como se a garota pudesse escutar. Fui para o escritório calada, mas o silêncio durou pouco. Meus colegas da imprensa, todas as pessoas que haviam ajudado e acreditado em Emma, me telefonaram indignados; inclusive repórteres de jornais que haviam dado voz a ela se sentiam traídos. Repeti umas vinte vezes a explicação científica da síndrome de Estocolmo e do estresse pós-traumático. Em meu escritório, a equipe se reuniu para trocar impressões; a assistente social que atendeu Emma chorava e explicava que se sentia invadida por uma mistura de irritação e tristeza. Ali estávamos nós sob ameaças de Succar Kuri, com um tremendo desgaste emocional, nos esforçando para aguentar ouvir tanta barbaridade sobre as menininhas traídas por Emma. E a própria jovem, a quem foram dadas mais oportunidades do que a qualquer outra vítima, se aliava a ele. "Por que ela está se sacrificando para proteger seu carrasco? Por dinheiro?", perguntávamo-nos. Todas nos olhávamos. Dedicar-se de forma profissional a apoiar e proteger vítimas de violência é uma missão, mais do que um trabalho. Em nossa equipe compartilhamos, faz anos, a filosofia de que trabalhamos nisso porque achamos que podemos contribuir todos os dias para a construção de um país livre da violência. Todas nós somos sobreviventes que escolhemos nos transformar em mestras da paz e, ao mesmo tempo, em acompanhantes que sabem o quanto é difícil o caminho da transformação pessoal. A pergunta do dia foi: o que diremos às outras meninas? Algumas das mães se encheram de raiva. Emma se vendera ao carrasco que despedaçara — do seu ponto de vista — a vida de muitas menores, e elas não estavam dispostas a perdoá-la. Uma das mães foi à Procuradoria de Justiça e denunciou Emma por ter levado sua filha de 5 anos às casas de campo de Succar Kuri. A vingança do libanês surtia efeito, dividia as sobreviventes propagando incerteza e medo.

Naquele momento, pensei que a linha em que Emma me pedia perdão no e-mail se referia a ter aparecido na televisão. Passariam alguns meses até que se revelasse que, por trás da cooptação de Emma, estava não apenas Succar Kuri, como também seu sócio e cúmplice, o mesmo Kamel Nacif, que gastava 300 mil dólares para a defesa de Succar Kuri e a compra de testemunhas.

Mais ou menos nessa época, quando a prisão de Succar já era notícia internacional, uma garotinha de origem salvadorenha, explorada sexualmente por Succar e Kamel Nacif, também desaparece. Não se sabe se foi assassinada; Wenceslao Cisneros, ex-advogado de Succar Kuri, garante que seu ex-cliente lhe disse que a menina nunca mais apareceria. Kamel Nacif — segundo gravações telefônicas — pagou 2 mil dólares a Succar para que a levasse às Villas Solymar, em Cancún, para "fornicar" com ele.

Em setembro de 2005, eu havia planejado viajar de férias para relaxar, o que me fazia falta em virtude das pressões, do excesso de trabalho e das ameaças do desgastante caso Succar. Meu companheiro e eu havíamos prometido não falar mais do assunto. Eu tinha feito o que podia; agora cabia às autoridades dar continuidade ao trabalho. No fim das contas, as garotas continuavam em terapia — algumas escolheram ficar com as mães —, e o caso não andaria até o instante da extradição, se é que isso aconteceria. Dezenas de casos semelhantes chegavam ao CIAM, quase todos eram solucionados, e a equipe compartilhava a felicidade das famílias que recuperavam sua vida sem violência, das mulheres que reconstruíam sua dignidade e sua vida.

No entanto, as minhas férias foram canceladas quando voltei de Oaxaca, onde eu filmara uma reportagem sobre a pobreza das mulheres migrantes da serra. Voltei com febre e fui hospitalizada ao descer do avião. Foram duas semanas de internação, com um quadro de complicações renais agudas (fora operada de um rim aos 18 anos), evoluindo para uma pneumonia infecciosa que me manteve em estado de observação por vários dias. Acompanhada por minha família, meus amigos e meu companheiro, segui em frente, fraca, mas sã.

Em novembro, pude enfim viajar com a Plataforma de Artistas contra a Violência para a Espanha, onde planejamos uma apresentação da cantora Cristina del Valle na praça principal da Cidade do México que aconteceria em janeiro de 2006. O show seria parte de uma campanha contra o assassinato de mulheres e a violência de gênero. Era época de eleição no México, de modo que nossos planos envolviam solicitar um encontro com todos os candidatos e a candidata à presidência da República para exigir deles compromissos no combate aos assassinatos e à violência contra as mulheres. Todos os candidatos haviam confirmado presença em novembro, exceto Roberto Madrazo, do PRI. Contudo, logo depois do show, Andrés Manuel López Obrador cancelaria de última hora o encontro sem argumento algum. Madrazo se negou a nos receber, e a Plataforma se encontrou, diante dos meios de comunicação, com Felipe Calderón — como seu primeiro ato de campanha — e com Patricia Mercado. Em discursos emotivos, ambos se comprometeram a combater a violência contra a mulher e a impunidade.

Da Espanha, depois de planejar o evento que ocorreria em janeiro, voei para o Sri Lanka, convidada pela Anistia Internacional para uma reunião mundial de Defensoras de Direitos Humanos. Em 15 de dezembro, voltei para Cancún disposta a encerrar o ano nefasto e querendo apenas descansar; mas o surgimento de Mario Marín em minha vida seria muito mais que um Natal.

3

# Um sequestro legal

Sexta-feira, 16 de dezembro. Chovia. As ruas de Cancún estavam alagadas, e o clima, ameno. O relógio marcava 11h45. Era meu primeiro dia de trabalho depois de voltar de uma viagem à Espanha e ao Sri Lanka. Saí de uma cafeteria onde tomara o café da manhã com colegas jornalistas. Liguei o som do carro para ouvir música e dirigi calmamente para o meu escritório no CIAM. Telefonei para avisar que estaria lá em quinze minutos; minha escolta esperava na esquina da instituição. Por causa das ameaças que havia sofrido por parte de Succar Kuri, seus cúmplices e outros agressores desde 2003, tanto a Comissão Nacional de Direitos Humanos quanto a Câmara dos Deputados haviam solicitado à PGR medidas cautelares para mim. Foi a Subprocuradoria de Crime Organizado da PGR que me destinou três pessoas da Agência Federal de Investigações (AFI) como escolta para proteger minha vida desde janeiro de 2005.

Não notei que estava sendo seguida — costumo ficar de olho no retrovisor. Havia chovido desde cedo e as ruas estavam inundadas. Enquanto a caminhonete Ford cinza-claro se aproximava das ruas da Superquadra 63, rodeada de bares, prostíbulos e pequenas cervejarias, a chuva deu passagem, como acontece no Caribe, a uma manhã luminosa. Ao parar em um sinal, notei que havia um arco-íris no céu. Pensei no privilégio que é viver em região tropical, porque o ar puro e a umidade me caíam bem para sanar as sequelas da bronquite. Estava nos últimos dias do tratamento com antibióticos.

Entrei na rua Doze; ao estacionar a caminhonete e desligar o motor, passou ao meu lado um carro que seguiu direto. Saí, então, do meu veículo. De repente, um carro azul com placa de Puebla parou fechando a rua e, no mesmo instante, saíram três sujeitos morenos, um deles com mocassim branco e um coldre sob o braço que mostrava evidentemente uma pistola. Outro levava na mão uma pasta cor-de-rosa, e ambos caminharam apressados em minha direção. Olhei à minha esquerda: atrás estava uma caminhonete Liberty branca, cuja placa também era de Puebla. Naquele instante, pensei tratar-se de pistoleiros, embora não soubesse de quem; então, olhei para a esquina: um carro vermelho bloqueava a outra esquina da rua, e um homem parado diante dos escritórios fazia sinais a outro. Meu sangue congelou: pensei que iam atirar.

O sujeito que carregava a pasta gritava enquanto se aproximava de mim: "Calma, Lydia Cacho. Não tente nada, você está presa." Dois deles chegaram pela frente, mas o outro contornou a minha caminhonete. Aterrorizada e sem pensar, acionei o alarme no chaveiro e tentei abrir a porta do carro, mas o homem que já estava ao meu lado sacou a arma discretamente e a apontou para mim: "Não tente nada, não chame a escolta, ou vai haver foguetório." "Sabem que tenho escolta", pensei. "Do que estou sendo acusada? Quem está me acusando?", consegui repetir, tentando manter a compostura, mas a única resposta foi: "Levaremos você para a cadeia de Puebla." Enquanto isso, dois deles falavam apressadamente, ao mesmo tempo que um deles me repetia: "Não resista ou vai haver foguetório", e outro me ameaçava: "E os jornalistas morrem de balas perdidas." O eco de suas palavras, como uma pancada seca, me tirou o ar; então, senti náuseas. Estavam quase tão nervosos quanto eu. O homem da pasta rosa a mostrava para mim insistentemente e a abria, mas as folhas estavam em branco. Não tive tempo de compreender nada. O outro agente sacava sua carteira, mas não me permitia vê-la para reconhecer seu nome. Pareciam estar fazendo uma montagem para que alguém os visse; aquilo era uma loucura. Pela minha mente passavam ideias desencontradas, confusas: "Puebla, por que Puebla?", pensei. "Estamos defendendo alguma mulher de Puebla?" Se fosse isso, eu não saberia, porque a equipe do CIAM estava trabalhando sem parar, e eu estivera fora quase quinze dias. O alarme do meu carro continuava disparado, e eu sabia que minhas colegas estavam vendo tudo pelo sistema de vigilância de câmeras de circuito fechado que temos fora dos escritórios. Treinamos durante anos para as emergências.

E diversas vezes disse aos policiais: "Minha escolta da PGR tem que ir comigo." O agente judiciário que estava a meu lado me pegou pelo antebraço — tinha a arma na outra mão — e repetia nervoso que eu não desse ordem alguma à minha escolta porque haveria tiroteio. Na esquina, o agente Toledo — um dos três membros da minha escolta — via o que estava acontecendo. Mais tarde, contou para a Comissão Especial de Atenção a Crimes Contra Jornalistas* que, quando viu tudo, pensou que eram agentes judiciários que estavam me ajudando em meu trabalho. Liguei para o chefe da escolta e lhe disse: "Acho que a Cacho vai fazer um de seus resgates." (Quando as mulheres ligam para o centro de proteção e estão em perigo de morte, vamos às suas casas e as resgatamos com seus filhos e filhas; minha escolta havia me acompanhado

---

* Fiscalía Especial para la Atención de Delitos contra Periodistas (FEADP), subordinada à Procuradoria Geral da República (PGR). (N. T.)

em alguns resgates. Desarmamos os agressores e chamamos a polícia, que se recusa a entrar nas casas com medo de ser processada por invasão de domicílio.)

Enquanto isso, o policial que carregava a pasta repetiu várias vezes que era melhor que eu obedecesse; eu disse que sim, pedi que se acalmasse e acrescentei que não me oporia a nada. Nesse momento, "Cronos", o chefe de segurança de nossos escritórios, saiu. Eles o viram, e o agente armado ao meu lado ficou muito nervoso e repetiu quase gritando: "Diga à sua escolta que não se mexa, que não dispare, ou vai haver foguetório!" Sua arma já estava encostada no meu lado esquerdo. Baixei o tom de voz e, o mais calmamente possível, lhes disse: "Por favor, é meu colega, não usamos armas, não está armado, eu juro." "Cronos" se aproximou lentamente, de cabeça baixa e com as mãos abertas em sinal de que não portava arma, enquanto lhes dizia com voz aparentemente tranquila, na qual descobri uma angústia que ainda não conhecia: "Está tudo bem, não usamos armas, só quero saber o que está acontecendo." O agente da pasta cor-de-rosa — depois eu soube que era o comandante Montaño — fez de novo a mesma cena absurda, abrindo rapidamente a pasta, mostrando as folhas em branco e dizendo: "Está presa por difamação, temos uma ordem de prisão, vamos para a cadeia de Puebla." Ouvi a palavra difamação, mas aquilo ainda não fazia sentido para mim.

O chefe de segurança disse: "Muito bem, senhores, permitam-me acompanhá-la." Embora meus captores não respondessem, ele não desgrudou de mim. Olhei de soslaio e pude ver dois sujeitos na caminhonete Liberty, atrás de nós. Disseram que, se ficássemos calmos, nada aconteceria. Ao nos aproximarmos do seu veículo, Montaño abriu a porta traseira e dali saiu apressada uma mulher jovem, de menos de

30 anos, e os cabelos pintados de louro. Estava com uma filmadora nas mãos e levava uma peça de roupa de cor clara com a qual tentou cobrir a câmera. A jovem baixou a cabeça, como que para evitar ser reconhecida, e se dirigiu nervosa para a Liberty.

Entramos no carro; então, um dos homens começou a se comunicar pelo rádio com outros, e arrancaram imediatamente. Ao chegar à esquina, o copiloto disse a Montaño: "Siga os companheiros!" O Jetta vermelho que estava na esquina arrancou, e nele pude distinguir quatro cabeças de homens. Enfiei a mão na minha bolsa, que levava agarrada em meu abdômen, e tirei lentamente o celular. Montaño dizia: "Se não complicar, não vamos algemar você." Suponho que seu nervosismo devia-se ao medo de que minha escolta tentasse me resgatar.

"Cronos" pegou discretamente seu celular, ligou para o escritório e disse: "Vamos à Procuradoria." Comecei a mandar uma mensagem por SMS, pois tinha medo de que, se fizesse uma ligação, me tirassem o telefone; assim, consegui escrever: "Estão me levando presa para Puebla." Notei que, felizmente, o agente judiciário a meu lado não percebeu, porque ele e seus colegas cuidavam para que ninguém nos seguisse. Então, liguei para Jorge, meu companheiro, que vive na capital, sem levar o telefone ao ouvido, mas deixando-o entre as mãos, e disse em voz alta: "Estão me levando presa para Puebla. Do que estão me acusando?" O policial viu meu telefone. Trazia a arma na mão e ordenou que eu desligasse; logo eu teria o direito de fazer uma ligação da Procuradoria. Baixei o telefone e o passei a meu colega; pensei que, se obedecesse, não bateriam em nós. Olhei para "Cronos", que me disse: "E se não for uma prisão? Se forem dar sumiço na gente?" Uma mistura de irritação e medo me assaltou. Pensei que Montaño havia se enganado, pois, como chefe de segurança, ele devia ficar com a equipe; no fim das contas, já vira de perto os que me levavam. Ele não disse nada, porque sabia que tudo estava sendo gravado: a equipe de segurança do Centro tem um disco rígido que grava vinte e quatro horas por dia as imagens enviadas pelas câmeras que rodeiam o edifício. E foi o que aconteceu: a gravação, entregue às autoridades, corrobora a minha descrição da prisão.

Nós dois íamos calados, enquanto os agentes judiciários falavam entre si e o copiloto dava instruções; atrás de nós estava a Liberty branca, e, quase chegando à Procuradoria, uma Suburban verde nos alcançou. Dirigiam a toda velocidade. Quando nos aproximamos da Procuradoria — não se passara mais de quinze minutos —, percebi que era verdade, que iríamos aos escritórios locais em Cancún, e então baixei a guarda. Notei naquele instante que praticamente havia parado de respirar, a tensão petrificou meus pulmões, mal respirava, me sentia nauseada e nervosa ao mesmo tempo. Inspirei profundamente, e, como resposta, um ataque de tosse irrompeu na conversa entre os agentes judiciários que se davam instruções. Suplicante, eu disse a "Cronos": "Não me leve sem falar com a minha advogada." A única coisa que ouvi dele foi sua frase típica: "Sim, senhora, não se preocupe."

O carro entrou no edifício em alta velocidade. Nunca imaginei que me sentiria aliviada ao ver o acesso principal da Subprocuradoria de Justiça de Cancún. As paredes semicirculares pintadas de verde-claro me deram segurança. "Não são pistoleiros! Isso é legal, sairei desta", pensei.

Enquanto isso, a advogada do CIAM e uma colega da administração saíram do Centro logo que viram pelas câmeras que já havíamos partido. Haviam recebido a ligação de "Cronos" e se dirigiam para a Subprocuradoria. Araceli, a advogada, começava a fazer ligações, pois queria entrar com um recurso. O telefone da colega que dirigia tocou: era a coordenadora de Trabalho Social. "Cuidado, vocês estão sendo seguidas", ela lhes disse. Nas câmeras aparecia, alguns segundos depois que elas saíram correndo e arrancaram com o carro, uma Suburban que estivera em contato com o sujeito que eu vira em frente aos escritórios. O carro as seguiu.

Entramos rapidamente nos escritórios, e disseram a "Cronos": "Aqui é o fim. Agora a levamos para ver seus advogados." Trocamos olhares pela última vez, sem palavras. Intuí que sua expressão era um espelho de minha angústia.

Fui arrastada para a prisão da Procuradoria. Duas pessoas na entrada do Ministério Público me reconheceram, mas não pude olhar o rosto delas, e então os agentes judiciários me empurraram até o corredor. "É Lydia Cacho, a da TV...", ouvi dizer uma senhora que carregava uma criança no colo.

Um dos agentes disse: "Já viram ela... rápido, seu merda, os papéis!" A escolta me rodeou para que ninguém me visse. As salas verdes da Procuradoria, o corredor escuro e a mesa que precedia as celas estavam vazios. Como uma menina arrancada dos braços de sua mãe, eu olhava para o fundo do corredor, com a esperança de que alguém soubesse até onde me levavam os braços (como garras) dos agentes judiciários.

Numa cela da Procuradoria, o comandante Montaño ordenou que eu me sentasse. Tudo parecia estranho; à medida que vários policiais entravam na pequena sala com cadeiras e uma escrivaninha velha, Montaño mudava seu tom de voz – era tão amável que aumentava ainda mais a minha ansiedade. "Por favor, tenho direito de ver minha advogada. Estou doente, com bronquite, tenho direito de ver o médico-legista", repeti várias vezes, evidentemente angustiada, mas fingindo tranquilidade, ou pelo menos era o que eu pensava.

"Agente Montaño", ouvi a voz de um homem que lhe falava ao ouvido. Entraram dois agentes que acredito ter reconhecido: eram de Cancún. Montaño me olhou e disse: "Sim, sim... quieta." Ele se dirigiu a mim num tom quase paternal: "Vamos deixar que você veja sua advogada e que leve seus remédios e tudo o mais; fique calminha para não ser algemada e para que não haja foguetório. Não vá levar um balaço... Dizem que você é muito valente." Eles riram e começaram a examinar os papéis.

Sentada numa cadeira de vinil preto, na sala rodeada de agentes locais e de Puebla, tentei clarear minhas ideias. Muitos falavam e trocavam documentos rapidamente. De repente, aproximou-se de mim um policial local que me reconheceu; o jovem homem procurou meus olhos e em silêncio deixou cair alguns papéis no chão, à direita de minha cadeira. Ao pegá-los lentamente, chegou mais perto e me falou ao ouvido: "Senhora, não deixe que a levem de carro... vão dar um jeito de... o procurador não assinou, peça para ver." Como uma espada afiada, suas palavras cortaram ao meio a paz da minha alma.

Naquele momento, entraram outros quatro agentes judiciários. O ambiente estava pesado. Tentei respirar e percebi o fedor, uma mistura de tabaco e suor. O jovem que me alertou saiu depressa. Então, tentei recapitular: eles se atreveriam a me matar? Senti um calafrio e procurei os olhos dos demais policiais, ansiando por um olhar cúmplice, por alguém que me tirasse dali. De repente, entrou um homem desconhecido, alto e acima do peso, que me disse rapidamente ser amigo do tabelião Benjamín de la Peña, um amigo de Cancún. "Precisa de alguma coisa?" Senti enjoo, não soube o que dizer e ouvi uma mulher alterar a voz, exigindo que a deixassem entrar; em segundos, aos empurrões, vi a pequenina Ana Patricia Morales, membro do Patronato do CIAM e vice-presidente da Associação de Hotéis. Levantei-me e ouvi a voz de Montaño: "Sentada!" Sem obedecer, por alguns segundos abracei Ana Patricia e lhe disse ao ouvido: "Não deixe que me levem, vão me matar." "Sentada!", gritou com aspereza o chefe dos policiais. Obedeci e olhei para Montaño atrás de Ana Patricia, fazendo sinais com as algemas. Com seu estilo durão e segura de si mesma, ela me disse que não me preocupasse, pois a difamação é um delito pequeno e não dá cadeia. "Vou ver o procurador para saber por que tanta confusão." Continuou falando enquanto saía; Ana pediu aos agentes que esperassem, que eu tinha direito de mostrar à minha advogada a carta precatória para a detenção. "Sim, sim, claro", respondeu Montaño com uma voz quase doce que eu conheceria tão bem durante a viagem. "Além disso, a senhora Cacho está doente, acaba de sair do hospital; temos documentos que provam isso; se a levarem, não poderá ser pela estrada, porque seu estado é delicado", disse a voz feminina amiga, já fora da cela.

Semanas mais tarde, Ana Patricia me contaria que ligou imediatamente para Lía Villalba para pedir o documento do hospital. Lía, também minha amiga, falou com meu médico, que logo entregou uma cópia de minha ficha a qual provava que eu estivera hospitalizada por dois meses em tratamento intensivo contra uma broncopneumonia. Dez dias de internação estavam comprovados nos documentos, com recibo do convênio anexado; mas já era tarde demais.

Quando Ana Patricia saiu, Montaño e outros dois agentes se divertiram. Um deles disse em voz alta diante de mim: "Peruas velhas intrometidas! Agora estão se borrando, hem?" Um agente local me pegou por um braço sem dizer uma palavra. Levantei-me da cadeira, e três deles me levaram rapidamente. Perguntei: "Aonde vamos?" Levavam-me escoltada, e o mais magro disse: "Cale a boca", em tom violento e seco. Conduziram-me depressa ao escritório da médica-legista e me sentaram diante dela. Um deles ficou às minhas costas e os outros três fora da sala, antes da porta de vidro. A jovem médica se surpreendeu ao me ver. Examinou-me rapidamente, e tive um forte ataque de tosse enquanto ela me interrogava. A doutora escreveu em seu informe que achava sinais de bronquite infecciosa. Mencionei que tipo de antibiótico eu estava tomando. Ela entregou o documento ao agente judiciário de Cancún e lhe disse na minha frente que eu devia tomar os remédios e ter cuidado com o frio.

Montaño me olhava nos olhos; entendi que a viagem seria inevitável. Ao passar pelo corredor, a uns oito metros de distância, vi meus colegas, as advogadas do CIAM e minha escolta, e, sem pensar, gritei a todo pulmão para Óscar Cienfuegos, comandante da minha escolta federal: "Venham atrás de mim. Liguem para Vasconcelos na SIEDO. Vão me matar!" Ele me respondeu: "Sim, sim!" Foi a última vez que vi seu rosto.

Voltamos rapidamente para o escritório. Um agente local pegou minha bolsa, que haviam tirado de mim e colocado sobre a mesa, e me disse: "Deixe com alguém de sua confiança, porque, se eles a levarem (referia-se aos agentes de Puebla), quem sabe o que poderá acontecer com as suas coisas?" Concordei com a cabeça. Ele pegou a bolsa e o celular, e os entregou a uma pessoa que estava do lado de fora da sala. Ouvi um agente dizer que não se preocupassem, que iam esperar o atestado médico. Enquanto isso, Ana Patricia Morales insistia em ser recebida pelo procurador de Quintana Roo, Bello Melchor Rodríguez. Queria se assegurar de que os papéis eram legais, que havia um acordo de colaboração entre as autoridades de Puebla e Quintana Roo. Morales é membro do Conselho Consultivo de Segurança da Procuradoria. Meses mais tarde, Ana me diria que foi a primeira e única vez que o procurador não a recebeu.

Nesse meio-tempo, um homem atendeu a uma ligação para as celas: "É o chefe." Montaño se aproximou e se abaixou, colocando o rosto diante do meu. Não consegui distinguir se o tom era amável ou irônico, porque o medo me deixou paralisada quando ele me disse:

"Se se comportar, não algemaremos você; somos gente boa, não nos irrite, só estamos fazendo o nosso trabalho." Olhei para ele e concordei, também em voz baixa: "Está bem." Nesse instante, dois agentes me agarraram pelos antebraços, e escutei: "Quietinha, dona. Vamos ver seu advogado e seus remédios." Eles trocaram olhares, e nós saímos; um deles, atrás, ajeitou minhas mãos, levando meus punhos às minhas costas, e os outros dois continuaram segurando meus antebraços. Em seguida, um se adiantou, e, quase correndo, me levaram pela porta dos fundos. De repente, senti uma garra apertando meus cabelos na nuca; encolhi-me de dor e me deixei levar; rapidamente, o que me segurava pelos cabelos me jogou no banco traseiro de um carro. Caí ainda com as mãos nas costas. Tudo foi muito rápido, inesperado. Demorei a raciocinar. Estava meio jogada entre o assoalho e o assento. Ouvi as portas da frente baterem. "Embaixo!", um deles gritou. Obedeci atordoada.

Outros agentes de Cancún já estavam esperando. A operação foi muito bem-organizada. Fomos até o fundo do estacionamento da PGJE; levantei um pouco a cabeça para olhar: o Jetta vermelho ia na frente abrindo passagem. "Por que tantos policiais?", pensei. Olhei para trás com esperança de ver minha escolta, mas vi apenas a Liberty branca (que é de Kamel Nacif, como demonstraríamos mais tarde). Dirigiam a toda velocidade e pegavam a avenida Nichipté em direção à estrada. Naquele instante me dei conta de que haviam me enganado. Fiquei indignada e, sentando, gritei atropeladamente ao policial: "Isto é ilegal! É um sequestro! Não me deixaram ver minha advogada. Preciso dos meus remédios! Não vi a ordem de prisão!" Senti a cabeça ferver. No entanto, eles não responderam. Montaño ligou para um número que estava num papel. "Feito, senhor." Usou um código numérico. "Tudo em ordem."

Fechei os olhos e pensei: "Meu Deus, vão me matar, vão sumir comigo..." Comecei a reclamar desesperada: "Estão violando os meus direitos, estou doente e preciso dos meus remédios! Isto é ilegal, minha advogada deve saber que estão me levando. Quero ver a carta precatória, quero ver a ordem de prisão, estão ouvindo?!" Montaño falava ao telefone em voz baixa, e o homem que dirigia, cujo nome soube mais tarde — Jesús Pérez —, me respondeu em tom alterado: "Direitos porra nenhuma! Cale a boca ou vamos algemar você!" Nesse momento, o carro freou no sinal vermelho e ele se virou em segundos, apontando a pistola para a minha testa. Gritou: "Cale a boca, sua cretina, que agora você está com a gente!" Fiquei em silêncio.

Montaño desligou e disse sem me olhar, no tom que eu conheceria tão bem nas próximas vinte horas: "Calminha ou vamos algemar você... Vamos levar você pra cadeia de Puebla. Reivindique lá os seus direitos, pra ver se vão ouvir você." Sorriu com prazer. Arrancaram de novo.

## A ESTRADA DO HORROR

Fizeram uma parada no posto de gasolina da esquina, e a Liberty branca estacionou à direita. Observei que um sujeito magro, de bigode, dirigia e, no banco do carona, ia um homem mais velho de cabelos grisalhos, que abriu a janela e deu instruções. Carregava uma arma embaixo do braço (todos estavam bem-armados); atrás ia uma mulher loura, que eu tinha visto quando me renderam diante do meu escritório, e, à direita, o Jetta vermelho. Comecei a contar: dois agentes na frente e três atrás; cinco, seis... eram 10. Virei para trás e vi uma caminhonete Suburban verde metálico com vidros fumê. Só consegui distinguir a silhueta do motorista. O homem do Jetta vermelho deu as instruções para pegarem direto a estrada para Mérida e ordenou que os seguissem. Arrancaram rapidamente.

Saímos a toda velocidade para a estrada, escoltados por três lados. Os veículos nos levavam à saída para Mérida. Perto do pedágio, os agentes do Jetta vermelho buzinaram e se despediram dos agentes de Puebla. Montaño abriu a janela, agradeceu amavelmente e depois a fechou, e o motorista riu.

A pasta cor-de-rosa estava entre os bancos dianteiros, à minha frente. Pedi que o motorista me deixasse ler do que me acusavam. Embora nessa ocasião eu falasse em tom de súplica, ele me respondeu aos gritos: "Cale a boca! Não fique histérica, senão vamos algemar você!" Fez isso me mostrando a arma enquanto olhava pelo retrovisor. Fiquei em silêncio.

De repente me dei conta de que viajaria mais de 1.500 quilômetros com dois policiais armados e outros três no carro de trás. Nunca me senti tão sozinha, tão vulnerável, tão consciente de que sou mulher. Muitas vezes havia dito a mulheres em situação de violência doméstica que elaborassem um plano de segurança; dessa vez era comigo: fazer uma lista mental das coisas que não deveria dizer, para não irritar meus sequestradores, e tentar fazer com que alguém me visse por onde passássemos. Também deveria observar em que quilômetro pararíamos (se parássemos) e manter a calma.

De repente, passou pela minha mente uma pergunta: "Por que o procurador de Quintana Roo me deixou ir se sabe que há ameaças de morte? E Ana Patricia me disse que difamação não é um delito que dá cadeia." Estudei uns vinte casos de pistoleiros com documentos da Polícia Judiciária ou da Agência Federal de Investigações. Como saber se esses não eram pistoleiros? Não podia saber, pensei. Só me restava pedir para chegar viva a Puebla. Que minha equipe falasse com as pessoas certas, que soubessem que aquela gente poderia me matar apesar de o custo talvez ser alto. Só me restava esperar e imaginar que chegaria viva.

Os agentes começaram a conversar entre si. Naquele momento, Montaño estava sendo muito cordial e me explicou que seu chefe o mandara porque tinha fama de ser amável; por sua vez, o que dirigia o carro, Pérez, riu e disse que, por minha culpa, não tinham podido ver o mar em Cancún; que haviam chegado no dia anterior, quinta-feira, e por minha culpa iam perder a pousada da Procuradoria. Entre eles, disseram que nem mesmo tinham podido tomar o café da manhã por causa dos acertos com os agentes de Cancún. O motorista disse que "o senhor, o patrão" (não sei de quem falava) estava nos pés deles.

"Quem é o patrão?", atrevi-me a perguntar. Sem me olhar, Montaño respondeu: "Olhe, por que anda se metendo na vida dos chefes? A troco de quê anda escrevendo sobre as intimidades deles? Tão bonita e tão intrometida."

Ele ficou em silêncio por algum tempo. Ao passar pelo pedágio, tentei fazer com que o cobrador me visse, atrás do motorista; minha expressão era de angústia. No entanto, ele me ignorou. Pérez tentou pagar, mas o cobrador lhe disse que não era nada (tratava-se de "uma cortesia"). Comentaram que eram muito bem-tratados em Cancún.

Então me atrevi a perguntar quem eram os três na Liberty branca e para que tantos agentes para me prender como se eu fosse uma mafiosa. Montaño respondeu: "Olhe só, achamos que ia acabar em foguetório com os AFIs. Eles (referia-se aos da Liberty) estão aqui para cuidar da gente, não de você."

Pérez começou a falar dos presos por crimes sexuais, como cadeia é perigosa para eles, que logo são estuprados nas prisões. Fizeram perguntas como se não soubessem quem eu era. De repente, Montaño me disse que entrou na internet para saber quem eu era e começou a conversar sobre o meu programa na TV. Quando me dei conta, eu estava respondendo amavelmente, tentando estabelecer um vínculo, fazendo-o saber que muita gente me conhecia e ia me procurar. Às vezes me ignoravam e riam, faziam piadas entre si, falavam de como alguns presos haviam tentado fugir. Perguntavam constantemente se eu gostava do mar, se iam passar pelo mar à noite e se eu gostava de nadar. Montaño disse que, quando menino, seu pai o levava ao mar, em Veracruz. Perguntou-me se muita gente se afogava no mar. Eu lhes disse que era boa nadadora. Então, eles riram e comentaram que isso era bom. "Porque, de repente, vamos jogá-la no mar", disse o motorista.

Lembrei-me do meu passado, das viagens pelo mar, procurando em minha memória uma força interior que, naquele instante, me era estranha. Começaram a falar sobre o meu livro, e de repente escutei o nome familiar de Kamel Nacif. "Querem saber por que escrevi o livro?", perguntei, aproximando-me do banco dianteiro. Montaño se virou de repente com a ordem: "Mãos pra trás, sua idiota!" Depois de alguns segundos, perguntou: "Por que se meteu com Kamel?" Um calafrio me percorreu a espinha: a intimidade com que ele se referia ao protetor de Succar Kuri me fez pensar que ele poderia ser "o chefe" aludido por eles. Comecei a lhes explicar do que o livro tratava. Perguntei-lhes se tinham filhos ou filhas. Montaño respondeu que tinha: dois, e Pérez disse que também tinha. Sem pensar, com a boca seca, pedi a eles que imaginassem que, enquanto estavam ali, comigo no carro, um homem tivesse levado sua filha ou filho pequeno e o estivesse usando para fazer pornografia, estuprando-o. O motorista me interrompeu e deu uma descrição detalhada e com obscenidades de como assassinaria o tal homem. Cortaria seus genitais e o esfolaria vivo para matar em seguida. Montaño disse a mesma coisa, mas afirmou também que ninguém em Puebla se atrevia a se meter com eles; lá, eles mandavam. Tentei falar e tive um acesso de tosse; com a falsa sensação de que não me maltratariam, expliquei que estava doente. Pérez pediu que eu me aproximasse, que chegasse mais perto. Obedeci. Ele disse: "Tenho o seu remédio aqui... um xaropinho, quer?" (e tocou os genitais e ambos riram).

Tornei a me encostar, com as mãos para os lados, para descansar os braços. De vez em quando, Montaño comentava como eu deveria ficar. A ordem era que eu permanecesse com as mãos nas costas.

Perguntei por que eles eram policiais, tentando lhes contar os crimes de Succar Kuri e seus amigos; fizeram perguntas, depois responderam às minhas. Montaño me disse que trabalhava havia 20 anos para a Polícia Judiciária e que seu pai também era da polícia nos tempos de glória do "Negro" Durazo. Percebi que mentiam. Pouco depois me contaram que haviam estado me procurando durante dois meses e não sabiam onde me encontrar; mas eles se contradiziam, porque, de repente, afirmavam que eu viajara por muito tempo, e me perguntaram se eu não temia que alguém entrasse em meu apartamento, que estava tão bonito. O celular de Montaño tocou: ele atendeu e desligou. Disse ao companheiro que o chefe estava preocupado, que perguntara se tinham rabo — testemunhas, claro, esclareceu o comandante. Fizeram duas ligações, e então notei que perguntavam aos sujeitos da Liberty se alguém nos seguia. Eu me descobri suplicando, como se rezasse, que minha escolta estivesse nos seguindo. Ligaram de novo; o comandante disse ao motorista que ninguém vinha atrás. "Deixaram você na mão", disse Montaño, e começaram a conversar entre si, afirmando que eu tinha que me comportar bem, que, se eu quisesse comer, teria de fazer sexo oral neles. Fiquei em silêncio.

Passaram-se umas duas horas, enquanto os agentes me explicavam que eu me metera numa baita confusão ao escrever o livro. Misturavam seus comentários sobre como Kamel Nacif era poderoso e importante, como eu havia sido boba ao me atrever a difamá-lo, como eu estava bonita; pensaram que bom presentinho o chefe lhes dera quando, em Puebla, mostraram a eles minha fotografia de biquíni. Senti a acidez que subia por meu esôfago — o último alimento que havia comido fora um punhado de frutas às oito da manhã. Mas eu não estava com fome, sentia apenas náuseas. Com cuidado, de vez em quando eu mexia os braços para não ficarem dormentes. Tentava manter a mente ocupada, observando-os, ouvindo seu tom de voz. Era esquizofrênico: da mesma forma como falavam comigo num tom amável e respeitoso, às vezes me insultavam e explicavam como eu era seu presentinho e iríamos nos divertir muito na viagem.

Num momento de silêncio, tomei coragem e pedi a Montaño que me deixasse dar um telefonema. Para minha surpresa, ele me disse: "Claro que sim, logo que a gente parar numa lanchonete, porque meus créditos acabaram." Respirei profundamente. Uns vinte minutos depois, fizemos uma parada. Pedi licença para ir ao banheiro. Montaño me respondeu que sim, e em seguida me explicaram que eu não deveria sair correndo, porque fora o que ocorrera com um preso em Veracruz, e eles tiveram que mandar bala. Discutiram se sabiam quem o havia matado. Comentaram, então, os pormenores do assassinato e como puseram o sujeito no carro com a calça urinada por ter bancado o esperto. Fiquei no carro, calada. Essa cena se repetiu, com algumas diferenças de palavras, mais de quatro vezes, quando eu pedia que me permitissem ir ao banheiro ao longo das 20 horas. Não deixaram nenhuma vez, exceto horas mais tarde, quando paramos para comer.

Voltaram ao carro outra vez, com salgadinhos e sucos. Entre brincadeiras, ofereceram-me algo para beber apenas para me dizerem que, se eu tivesse dinheiro, me comprariam a garrafa de água que eu lhes pedira. De repente, o celular tocou, e Montaño respondeu com monossílabos: "Não, senhor... Viemos sozinhos." Desligou e, muito amável, me perguntou: "Então, dona, qual é o número do telefone da sua família?" Nervosa, tentei me lembrar dos números de celular, mas não consegui: memória desgraçada! Acostumada com o celular, deixara de memorizá-los. Fiz um esforço e ditei um número. Ele fez a ligação e escutou a chamada; então me olhou e me disse: "Mãozinha pra trás." Eu me adiantei com os braços nas costas e ele pôs o celular ao meu ouvido. Quando ouvi uma voz, ele o retirou e ficou escutando. Depois cortou a ligação e me disse: "Não respondem." Passaram-se 10 minutos. A cena se repetiu. Por alguma razão que desconheço, invadida pela angústia, toda as vezes pensei que ele me deixaria falar com alguém. Mas eu estava enganada. No fim, riram: "Já teve suas ligações. Não uma; várias." Montaño sorriu e se acomodou em seu assento para comer seu salgadinho e tomar o suco. Repetiu isso mais de 10 vezes pelo caminho; apesar de sua atitude, eu lhe dava os telefones de meu escritório. Felizmente isso permitiu que o identificador de chamadas do escritório detectasse que era um celular de Puebla e que fosse possível ligar para ele mais tarde. Montaño atendeu, mas desligou. Meses depois, durante o julgamento, ele entregou os registros telefônicos de seu celular com esses números para mostrar que havia me permitido ligar quantas vezes eu quisesse.

Enquanto isso, no escritório do CIAM Cancún, encontrava-se reunida toda a equipe de mulheres e homens da diretoria. Como o trabalho do CIAM é perigoso e por diversas vezes tivemos ameaças de morte, seguimos um protocolo para emergências. Emma Rosales, a coordenadora de trabalho social, é a responsável pela organização da rede de emergência. José Antonio Torres, membro da mesa diretora, havia chegado ao CIAM para apoiar as coordenadoras, que, com as listas de telefones em mãos, faziam ligações com a mesma mensagem: "Lydia Cacho foi sequestrada por agentes judiciários. Não pudemos ver a documentação oficial e tememos por sua vida. Liguem para as autoridades de Puebla para garantirmos que não irão assassiná-la." A Anistia Internacional, a Human Rights Watch e a Organização Mundial contra a Tortura emitiram boletins urgentes. A equipe do CIAM fez uma assembleia geral: avaliando o perigo, todos ficaram em alerta vermelho. Eles entenderam que, se o sequestro estava relacionado com o caso Succar, tratava-se de um assunto de redes de crime organizado; além disso, fizeram meditação e uma oração.

Em janeiro, quando voltei, contaram-me suas experiências. Para encorajarem-se, durante os momentos de incerteza da minha prisão, falavam de meu caráter e minha capacidade para enfrentar as situações. Uma delas disse: "Não se preocupem. Conhecendo Lydia, quando chegarem a Puebla, ela já os terá convertido ao feminismo." Não choraram juntas, mas muitas se esconderam em seus cubículos para rezar e chorar. Os telefones não paravam de tocar. José Antonio se encarregou da coordenação, enquanto o restante da equipe decidiu que o CIAM continuaria funcionando, recebendo as vítimas; a vida continuava. Araceli Andrade, a coordenadora de advocacia, lançou nova luz ao assunto. Ela é de Puebla, de modo que o nome de Nacif não lhe era estranho. Quando soube na Procuradoria que a denúncia por difamação fora feita pelo "Rei do Brim", concluiu que havia grande probabilidade de que sumissem comigo ou me assassinassem. Claudia, a coordenadora de psicologia, também conhecia histórias de Nacif em Las Vegas. Para elas, pensar no pior não significava exagerar.

No Distrito Federal, o jornalista Jorge Zepeda Patterson, meu companheiro, estava em seu escritório: já havia entrado em contato com a equipe do CIAM minutos depois da prisão. A coordenadora lhe disse: "Foi levada num comboio armado; são vários carros; não nos deixaram ver a ordem de prisão; parece que é gente de Kamel Nacif, o braço direito de Succar, o pedófilo."

Jorge lançou mão de sua experiência como fundador do jornal *Siglo 21* e ex-subdiretor do *El Universal*. A seu lado estava Alejandro Páez, também jornalista e editor da revista *Día Siete*; ambos escreveram comunicados ao Comitê de Proteção de Jornalistas em Nova York (CPJ) e enviaram telegramas urgentes a todos os programas de notícias e meios de comunicação nacionais. Até onde sabiam, tratava-se de um sequestro legal; quer dizer, embora os que tinham me levado fossem agentes judiciários e dissessem ter uma ordem de prisão, ninguém tivera acesso à prisioneira ou aos documentos, e a maneira como sumiram da Procuradoria os deixara com dúvidas. A notícia correu como um rastilho de pólvora.

Além dos envolvidos, ninguém imaginava que, por trás do evento, estava a mão de ferro do governador Mario Marín, da procuradora Blanca Laura Villeda e de Guillermo Pacheco Pulido, presidente do Tribunal Superior de Justiça de Puebla. Até o momento, o que se pensava era que Nacif havia contratado alguns agentes judiciários para me levar a algum lugar. A esperança era que eu chegasse viva a Puebla. A estratégia, então, era clara: Jorge ligaria para pessoas que conheciam meu trabalho tanto de jornalista quanto de diretora do CIAM Cancún para pedir que ligassem para o governador. Ele se asseguraria de que os policiais não iriam me assassinar, quer dizer, tomaria conhecimento de um ato de tráfico de influência de Kamel Nacif. Jamais imaginaram que a conspiração criminosa havia sido orquestrada pelo próprio governador. Mas assim fora.

O jornalista Carlos Loret de Mola e Florencio Salazar, então secretário da Reforma Agrária, procuraram o governador para informá-lo da situação. No entanto, demoraram horas para encontrá-lo porque "estava num almoço campestre de fim das festas natalinas. Por fim, ambos ouviram Marín dizer que "não sabia do caso, mas tomaria as medidas necessárias para que se fizesse tudo dentro da legalidade". Marín jamais imaginou que, enquanto isso acontecia, enquanto ele mentia descaradamente aos que ligavam e, ao mesmo tempo, conversava sobre os fatos de seu conluio com Kamel Nacif, alguém estava gravando sua voz para a história que o transformaria no "*gov* maravilha".

Outras ligações para o governador ao longo da tarde e da noite tiveram o mesmo resultado. Josefina Vázquez Mota, que encabeçava a Secretaria de Desenvolvimento Social, havia visitado as instalações do abrigo e tomado conhecimento do caso Succar, obteve a mesma resposta. Interveio da mesma forma a valente senadora priista Lucero Saldaña, que conheci quando era presidente da Comissão de Equidade e Gênero da Câmara de Senadores da República.

A então embaixadora da Espanha, Cristina Barrios, havia sido madrinha da inauguração do Abrigo CIAM e, dias antes da prisão, tivera uma reunião com Marín em que assinara um convênio da Cooperação Espanhola para os grupos indígenas da serra de Puebla. Era sexta-feira à noite quando ela telefonou para Marín e lhe pediu que se assegurasse de que a prisão era legal e de que meus direitos fossem respeitados. Conforme a embaixadora me diria depois, o governador negou conhecer o assunto e prometeu "averiguar o caso".

Ao cair a noite, Jorge recebeu uma ligação do general Jorge Serrano Gutiérrez, chefe da unidade Antiterrorista da SIEDO e homem de confiança do subprocurador Santiago Vasconcelos. Serrano — que um ano antes recebera minhas denúncias por ameaças de morte e que, ao tomar conhecimento das provas, fora encarregado de autorizar que me dessem uma escolta — comentou que havia falado com a procuradora de Puebla para tornar seu governo responsável por minha vida, já que os agentes judiciários de Puebla haviam dado uma "rasteira" nos AFIs que faziam minha segurança.

Enquanto isso, na estrada, eu continuava sem saber de nada do que acontecia à minha volta. A tarde começava a cair. O celular de Montaño tocava sem parar, mas ele atendia com monossílabos. Insisti umas duas vezes para que me permitisse fazer uma ligação, e ele me respondia que sim, quando comprasse crédito.

Eram quase 7h da noite, quando paramos para comer numa pequena lanchonete à beira da estrada, logo depois de Mérida. Li o nome escrito na parede: "Don Pepe." Estávamos ao lado de um posto de gasolina. Saímos do carro e me ordenaram que entrasse em silêncio e não falasse com ninguém. Caminhei tão rápido quanto as pernas entorpecidas e a dor na bexiga me permitiram, e me dirigi ao banheiro.

Antes haviam se unido a nós os dois homens da Liberty, mas eu não vira a mulher. Pela primeira vez, o homem alto de cabelos grisalhos da Liberty estava colado em mim. Quando entrei no pequeno banheiro, ele se grudou às minhas costas, roçando seu ventre em minhas nádegas. Tentei me livrar dele, mas ele me pegou pelo pescoço e me disse baixinho ao ouvido, roçando-se em meu corpo: "Tão gostosa e tão idiota. Por que se mete com o chefe? Quer?", perguntou, apertando-se mais às minhas nádegas para que eu sentisse que estava excitado. Pôs sua mão em meu seio esquerdo e me puxou contra ele; na omoplata, senti sua arma, que me machucou, e falei isso para ele. "Gosta da pistola, jornalista?", perguntou, apertando mais seus genitais contra mim. As lágrimas me inundaram os olhos e, sem medir palavras, eu lhe disse, levantando a voz para que me ouvissem no restaurante: "Só morta! Vai me deixar ir ao banheiro?" Então, ele me empurrou para o banheiro. Cruzei por uma portinha frágil de acrílico branco, passei o trinco fraco e vi diante de mim sua silhueta e ouvi sua voz me apressando. Ao sair, caminhei rápido até a pia, e nesse instante a mulher loura entrou, mas o policial se interpôs entre nós e me disse ao ouvido: "Rapidinho, jornalista."

Um momento depois, sentamos todos juntos. Ordenaram que me sentasse na cabeceira ao lado de Montaño e Pérez; do outro lado ficaram o magro de bigode que dirigia a Liberty e o grisalho que me assediara no banheiro. De repente, a mulher saiu do banheiro. Ela não me olhou nos olhos, e a sentaram na outra cabeceira. Tentei falar com ela, mas o homem grisalho lhe ordenou que ficasse calada e não me deixou falar, interrompeu a conversa para pedir três porções de ensopado de carne e legumes, depois se queixou de tudo e resmungou com os demais. Todos estavam ostensivamente armados (carregavam as armas nas axilas). Quando começaram a comer, colocaram as armas sobre a mesa de metal com marcas de cerveja. Os caminhoneiros que entravam na lanchonete ficavam observando os agentes judiciários, mas ninguém se aproximou de nossa mesa.

Enfastiada com um pedaço de frango, insisti com Montaño sobre os medicamentos, mas ele me disse que não tinha dinheiro e que os compraria depois. O homem grisalho falou com eles como se eu não estivesse presente: "Se continuar enchendo, algemem. Chegando a Puebla vão lhe dar o remédio", e então riu.

Eles disseram não conhecer o caminho e discutiram, porque na ida se enganaram e pegaram uma estrada sem pedágio em péssimas condições. O homem grisalho disse, de repente: "Temos que parar em Champotón; lá eles têm uns coquetéis de camarão sensacionais; depois, o mar está bonito para nadar e já estará escuro." Trocaram olhares e ficaram em silêncio. Afastei meu prato; as náuseas não me deixavam, e me senti febril. Pela primeira vez em anos, repeti em silêncio uma oração católica que aprendera na infância.

Saímos. Fizeram-me entrar no carro e ficaram falando. Depois puseram gasolina. Já na estrada, perguntaram o que eu fizera no banheiro com o "chefe" (acredito que estavam falavam do homem grisalho).

Respondi que nada, mas eles começaram uma conversa mole com insinuações sexuais; dessa vez, era Montaño quem dirigia, e Pérez fumava sem parar. Minha tosse piorou. Não sabia quanto tempo aguentaria sem vomitar por causa dos espasmos.

Começaram a cogitar se iriam ver o mar em Champotón e insistiram que o mar de noite ficava muito bonito. Montaño me olhou pelo retrovisor e me disse baixinho: "Sabe nadar de noite no mar? Isso sim... ou o cara se cura ou morre." O tom cruel voltara, eu me preocupava com as mudanças de humor do comandante. Fiquei em silêncio e calculei quantas horas faltavam para chegar a Puebla. Pensei: "Se me atirarem no mar, por quantas horas poderei nadar?" Tremendo de febre e medo, me abracei, buscando o consolo das minhas lembranças. Olhei pela janela. Vendo a mata na beira da estrada, disse sem olhar para os policiais: "Sou capitã de veleiro, sei navegar e nadar." Percebi que falara em voz alta, e eles me gozaram. Então, tentei manter minha mente ocupada com boas lembranças: pensei em minha família, em minha mãe. "O que ela faria em meu lugar?", perguntei-me. Pensei em meus irmãos e irmãs; pensei em meu pai — será que sabiam que os policiais haviam me levado? "Vai dar tudo certo, vai dar tudo certo, é claro que Jorge e a minha equipe estão fazendo de tudo para que não me matem", dizia para a janela como se o vidro do carro pudesse transmitir minha mensagem a algum lugar.

Então, o telefone de Montaño tocou, mas ele decidiu ignorá-lo. De repente, ele me disse: "Olhe, jornalista, pode fazer uma ligação." Eu disse um número, e Jorge respondeu, enquanto eu olhava Montaño nos olhos, pensando que ele ia me arrancar o telefone. Falei atropeladamente. Disse que já havíamos passado por Mérida, que estávamos em Campeche. Ele me perguntou se eu estava bem; como eu não queria perder tempo, respondi que sim. Nesse momento, Montaño pôs sua pistola diante de meu rosto. Perdi o fio da rápida conversa. Jorge me informou que já tinham avisado Carlos Loret de Mola do sequestro, que já dera no rádio, que não me preocupasse, que já tinham informado as ONGs para que o governador de Puebla soubesse o que estava acontecendo. De repente, disse: "Mas são mulheres cuidando de você, não? Você está bem, não?" "Mulheres? Não, são homens!" No mesmo instante, Montaño pegou o telefone e desligou.

De repente, Montaño me disse, em tom quase doce, que esperava que eu confiasse nele, que era um bom sujeito. Respondi que sim. Então, ele me perguntou se eu ia dar uma de fofoqueira como todos os presos que em seguida vão às agências de Direitos Humanos. Assegurei: "Não, não irei." Mas minha voz tremeu. Então, ele me disse que isso era bom, porque eles já sabiam onde eu morava em Cancún, que moro sozinha no apartamento, que sabiam por onde se podia entrar com facilidade, que aquela grade era fácil de abrir. Emudeci. A paz recuperada por alguns segundos ao ouvir a voz amorosa de Jorge se desvaneceu e, em seu lugar, se instalou um frio marmóreo; minha pele já não tremia, mas era de gelo, de cristal.

Montaño parou o carro e disse: "Então tá, vamos ver se você vai mesmo com a nossa cara." Pérez desembarcou e veio para o meu lado, e Montaño arrancou outra vez. O sujeito gordo, barrigudo e com hálito de cebola se grudou em mim. Eu me afastei, e ele se aproximou de novo. Encostado, ordenou que eu pusesse as mãos para trás. Obedeci. Sacou sua arma do coldre sob o braço e disse: "Gosta de se meter com homens de verdade?" Não respondi e mal respirava. Ele pôs sua arma, uma pistola automática, em meus lábios. "Abra a boquinha", insistiu, apertando a pistola contra os meus lábios e me machucando. Comecei a falar. Tentei dizer que meu pessoal já sabia que eles estavam comigo, mas não consegui, senti o frio metálico da arma em minha língua e um sabor salgado. Tive náuseas. Fazendo movimentos circulares, meteu mais a arma em minha boca. "Se você tossir, ela dispara", disse ele. Fechei os olhos, mas ele me ordenou que os abrisse. "Não é macha o suficiente para andar dando com a língua nos dentes? Você é uma criminosa, o chefe vai acabar com você", continuou falando e olhando de soslaio para Montaño, que nos observava pelo retrovisor. Com voz agradável, Montaño me pediu para obedecer ao seu colega, porque era muito nervoso e ele não podia fazer nada para detê-lo.

"Eu devia estar na pousada. A chefe ia rifar carros e outras coisas para nós. Mas não, estamos aqui. Você nos fodeu, sua linguaruda." Continuou brincando com a pistola em minha boca — ele a metia e a tirava com comentários eróticos. Em certo momento, senti ânsia de vômito. Quase brincalhão, ele disse: "Olhe que dispara!" Tirou a pistola e comentou que eu a babara, que eu deveria limpá-la. Colocou-a em minha boca de novo. Fiquei imóvel. Ele a baixou e passou-a em semicírculos por meus seios. Meu corpo se retesou, e ele me perguntou se eu ainda me sentia muito macha. Continuei em silêncio. Com uma das mãos, puxou minha perna direita e a escancarou. Rapidamente desceu a arma e a pôs entre minhas pernas. Ele me ordenou que as abrisse mais, mas resisti. "Ou prefere nadar?", perguntou-me. Nunca, como nesse momento, me estranhou tanto que, até para me torturar, me falassem de você. É uma coisa que nunca compreenderei.

Eu vestia jeans e uma blusa de poliéster vermelha. Com movimentos rápidos, Pérez tirou a arma do meio de minhas pernas e a enfiou entre meus seios, empurrando-a até me machucar — com a boca da pistola, prendeu o mamilo e puxou a blusa. Com a mão em meus genitais, machucou-me, apertando meu osso púbico. "Tá vendo? Isso acontece por andar inventando que o chefe se mete com menininhas, esse tipo de coisa. Pra você ver como se sente." Ele continuou falando sem parar; senti a arma machucar meu seio, senti que a qualquer momento minha blusa se rasgaria e eu ficaria descoberta; angustiada, tentei respirar fundo e tossi; instintivamente, tirei a mão das costas para cobrir a boca. Então, o agente se assustou e reagiu me insultando, por ter achado que eu movera a mão para lhe tirar a arma. Eu disse que não, tentei acalmá-lo. Desceu a arma outra vez e a apertou com força contra meu baixo-ventre, mas lhe pedi que não fizesse isso, que eu precisava ir ao banheiro. Os dois me gozaram: "Mesmo? Como queira: ou se borra ou aguenta." Ele continuou pressionando com a pistola e se dirigiu a Montaño: "Não olhe, cara. Fique de olho na estrada." Começou a abrir o fecho da minha calça. Senti uma umidade incontrolável. Ele retirou a mão de repente e começou a gritar que eu era uma porca, cadela, que não me ensinaram a mijar no banheiro, e não num carro. Pedi desculpas e expliquei que ele estava me apertando, que a culpa era dele. Então, pediu a Montaño que parasse o carro. Ele parou, e Pérez passou para o assento dianteiro.

Retomei as sensações do meu corpo. Eu estava tremendo de frio, tinha febre. Como se tivesse corrido uma maratona, sentia dor em todos os músculos. Tentei meditar, rezar, qualquer coisa para suportar mais tempo no carro. Cruzei os braços, com medo de que voltassem a me exigir que os deixasse nas costas; não me olharam nem falaram comigo por algum tempo.

Olhando pela janela, veio à minha mente as imagens de minha família, de minha mãe rindo e me abraçando. Uma cena na casa dos avós portugueses... toda a minha família reunida. Pensei: "É isso: tenho 42 anos e vou ser morta por dois agentes judiciários."

Uma estranha sensação de tranquilidade me invadiu, e senti as pernas dormentes. Concluí que assim era a antessala da morte e me lembrei de meu avô. Pouco antes de ele partir, eu estava a seu lado na cama, segurando sua mão. Ele me disse: "Não é tão ruim morrer quando se viveu apaixonadamente." Imagens de minha vida me passaram pela mente e, por um momento, me senti tranquila e esqueci onde estava.

Subitamente voltei à realidade, quando senti que o carro havia parado, depois andava lentamente. Os agentes começaram a falar em voz alta. Saindo de meu estupor, percebi as costas tensas, mas me sentia forte, como se o medo tivesse ido embora com minhas lembranças. Respirei profundamente. Dessa vez, a tosse não ganhou a batalha. Então, notei que meu corpo estava entorpecido. Sorri, suspirei — não sentia mais dor. Por alguma razão, agradeci em silêncio a meu avô.

"Que tal uma nadadinha?", ouvi a voz alegre de Montaño, enquanto o outro acendia um cigarro. Recuperei a calma e comecei a lhes explicar que todos iam saber desses maus-tratos, que estavam violando meus direitos. Eu pensava nas ligações, no que me haviam dito de Loret de Mola e das organizações de direitos humanos; na certa, naquele momento, já sabiam os nomes dos agentes judiciários e de seu chefe. Essa noção de uma realidade além da minha miséria entre as quatro portas de um carro me fortaleceu profundamente.

Em troca, eles riram. Em tom muito amável, Montaño começou a contar histórias de todas as vezes que foram denunciados aos Direitos Humanos. Comentaram que as denúncias não deram em nada. "De um jeito ou de outro, sempre dizem o que querem na merda dos jornais. Uma vez a mais ou a menos, tanto faz se acreditam. Nós estamos cumprindo ordens, é nosso trabalho, só cumprimos. O chefe disse que você é uma criminosa. Em Puebla, quem manda é o patrão", disse Pérez, que estava de novo ao volante, queixando-se de muito cansaço.

Percebi que chegáramos a Champotón. Estava escuro. Eles abriram as janelas e começaram a me perguntar se o som que se ouvia era do mar; respondi: "Acho que sim." A Liberty encostou ao lado, eles falaram de janela a janela: "Aqui é o mar. Está calmo. Vamos comer um coquetel de camarões", gritou o homem dos cabelos grisalhos. A avenida estava deserta e todas as marisqueiras, fechadas. Descobri-me falando em tom quase infantil, suplicante: "Mas está tudo fechado. As marisqueiras não abrem à meia-noite. Por que estão indo? Aonde estão indo?" Ninguém respondeu. Em silêncio, pensei: "Foram embora para que eu seja atirada ao mar." Então, angustiada, orei em silêncio para minha mãe morta: "Por favor, mamãe, por favor, peço que não me atirem ao mar, ninguém vai encontrar o meu corpo." Em seguida, ouvi com alívio: "Não... melhor dar o fora", disse Montaño, mas foi ignorado, e a Liberty deu meia-volta nos deixando sozinhos. Eu me senti mais alerta do que nunca. Algo em meu corpo estourou — era o medo que se expandia do ventre às extremidades. Dentro da cabeça, escutei as batidas de meu coração. Estávamos no quebra-mar de Champotón, não havia uma alma por perto... o rugido do mar nunca me pareceu tão feroz.

Com as janelas abertas se ouviam as ondas na escuridão e se sentia o cheiro de maresia, acre dos moluscos que se prendem às pedras. De repente, desligaram o motor, e Montaño saiu do carro. Pérez, o motorista, me perguntou desanimado: "Não quer nadar, hem?", e me fez sinais para a porta com a arma na mão. Desceu e deixou sua porta aberta. Congelada no assento, com um fio de voz, respondi que me sentia mal e que não desembarcaria. Eles observaram o mar por alguns instantes, falando entre si. Acenderam cigarros, pegaram no carro duas Coca-Colas e começaram a bebê-las. "Ora, quando quiser", me disse o outro agente, vindo até o carro e se abaixando. Montaño, a uns dois metros e com um tom calmo de quem dá as horas, disse-me: "Em seguida, vão chegar seus companheiros com o seu ceviche. Vamos de uma vez, dê uma nadadinha!" Num fio de voz agora audível, eu disse: "Por favor, comandante, não... nunca vão encontrar meu corpo... por favor." Um ataque de tosse me deteve. Abracei-me a mim mesma e fiquei petrificada no carro, me negando a sair. Eles brincaram com frases como "Anda! Não era valentona pra escrever mentiras e ficar difamando? Vamos! Agora não quer escrever mais, não é mesmo?"

Pérez levantou a voz para ser ouvido: "Lembra aquela vez que o preso do assalto saiu correndo? Coitado! Acabamos atirando e ele ficou lá caído por ser desobediente. Quando quiser, minha cara! Podemos passar toda a noite aqui."

Fiquei em silêncio e me encolhi. Lembro apenas que sentia meu corpo pesado e imaginei o peso de uma pedra em minhas pernas; para me tirar do carro, teriam que me arrastar. Mas eles não se importavam com a minha angústia e continuavam seu jogo verbal. Jesús Pérez soltou a frase como se eu não escutasse: "Como disse o chefe... era bem metida, tentou escapar e se atirou ao mar; tentamos encontrar, mas estava escuro." Montaño continuou calado, enquanto Jesús acendeu um cigarro, ainda falando: "Ficou histérica e não conseguimos tirá-la... nós cumprimos com nosso dever de levá-la sã e salva."

Então, o celular do agente Montaño tocou, e ele atendeu com monossílabos. "Sim, não; sim, senhor; não, senhor; sim, tá certo, senhor." Enquanto falava, fez sinais para seu companheiro e entraram no carro. Desligou e disse a Pérez: "Mudança de planos." Ele se virou para me ver e, em tom gozador, disse: "Você é famosa. Já saiu na TV." Usou o celular e disse a seu interlocutor que tinha havido mudança nos planos e pediu que os alcançassem (eram os da Liberty).

Perguntei o que tinha acontecido, mas não me responderam. Conversaram entre eles sobre as ordens do chefe: tinham que dirigir mais rápido, ou melhor, em velocidade normal, para chegar a Puebla o quanto antes. Então, Montaño se voltou para Pérez: "Melhor, assim chegamos cedo e o chefe cuida disso." O outro respondeu, como que decifrando: "Mudança nos planos... Que será que aconteceu? Vão levá-la direto pro chefe?"

A sensação de estar a salvo se apoderou de mim. No entanto, depois de tantas horas na montanha-russa, procurei não elevar minhas expectativas; a queda é dura demais para eu resistir a outra. Tentei me distrair tratando de averiguar em que quilômetro estávamos. Sentia-me mal, a febre subira — e, como numa ladainha, pela enésima vez pedi meus remédios, mas eles me ignoraram. De repente, Montaño me atirou uma pastilha de menta e disse: "Aí está. Pra tosse."

A escuridão da noite abraçava a estrada. Meus acessos de febre e tosse aumentavam. Atrevia-me a lhes dizer que, se desejavam me entregar bem, deveriam comprar meus remédios. Se comprassem, eu não diria nada; prometi como uma menina que pede piedade a seu raptor. Não me importava, o que me preocupava era não recair na pneumonia que me deixara no hospital por três meses.

Pelo caminho, lembrei-me do rosto doce e comovente de Rosario Ibarra de Piedra.* Então, compreendi a angústia que me invadia: ima-

---

* María del Rosario Ibarra de la Garza (Saltillo, Coahuila; 1927), mais conhecida como Rosario Ibarra de Piedra, é uma ativista mexicana, fundadora do Comitê Eureka e senadora pelo Partido del Trabajo (PT). Seu pai foi engenheiro-agrônomo e militar na Revolução Mexicana. Seu marido foi integrante do Partido Comunista Mexicano e presidente da Sociedade de Alunos Socialistas da Universidade Autônoma de Nuevo León.

Sua atividade política começou em 1972, quando seu filho Jesús Piedra Ibarra foi acusado de pertencer a um grupo armado de orientação comunista, a Liga Comunista 23 de Septiembre. Jesús Piedra *desapareceu* em 1974, quando foi preso pelas autoridades. A partir de então, Rosario Ibarra iniciou uma longa peregrinação pelas instituições governamentais em busca de informações sobre o paradeiro de seu filho, até agora não descoberto. Jesús Piedra é considerado vítima do desaparecimento forçado de pessoas que o governo do México teria praticado nas décadas de 1960 e 1970. (N. T.)

ginar minha família me procurando viva, perdida, ou ao meu cadáver, durante anos, com uma angústia inenarrável. O fato de ninguém, além dos cruéis carrascos do Estado, saber o que acontecera dava outra dimensão ao medo. Já não era meu medo, mas o de meus entes queridos. Quando os outros são donos do seu destino, você só pensa naqueles que ama. Imaginei Jesús. Sua imagem veio à minha mente, aquela que Rosario carrega sobre seu peito. Eu o vi se despedindo, certo de que seus princípios lhe haviam dado paz à alma que partia. A certeza da morte é mais nobre que a incerteza da tortura psicológica.

Passamos por Villahermosa e começamos a subir a serra de Veracruz. O frio entrava pelas janelas dianteiras, completamente abertas. Os agentes fumavam, enquanto eu, com o rosto grudado no vidro, tentava me manter acordada. Às vezes, eu lembrava que meus braços deviam estar para trás; eles tinham direito de me algemar, pois era prisioneira deles. Outras vezes, falavam entre si. O silêncio se tornou meu aliado. De vez em quando, eu olhava para trás: os faróis da Liberty nos observavam vigilantes. Montaño ligou o rádio UHF no painel do carro. Tentaram por umas duas vezes achar a frequência da Polícia Judiciária, mas não conseguiram.

A voz de Montaño irrompeu em meus pensamentos: "Mais umas horas, e chegamos. Já sabe o que combinamos: você dirá que a tratamos bem e nós ficaremos numa boa. Se der uma de linguaruda, lembre-se: sabemos onde mora e onde trabalha. Sabemos até as praias que frequenta." A voz vulgar de Pérez se intrometeu: "Já sabemos que é chegada numa cerveja e que usa biquínis bem... provocantes." Deu uma gargalhada. "Temos um trato, dona?", perguntou Montaño. "Sim, claro", respondi a meia voz. Ele continuou em um monólogo em tom amável, que discordava do conteúdo de suas palavras. Explicou que era um homem de palavra e que sempre a cumpria; que, se eu não cumprisse minha palavra, deveria aguentar as consequências. "Meu chefe cuida de mim, mas e você? Quem a protege?" "Ninguém", respondi, sem a menor esperança de que se calasse e me deixasse em paz.

De repente, diminuíram a velocidade — o celular tocou e Montaño atendeu: "Sim, meu comandante Rocha, sim, sim, está bem, a gente se vê na Esperanza." Começaram a comentar sobre como Rocha ficaria irritado porque suas ordens não tinham sido seguidas. Ligaram o rádio e, minutos depois, sua comunicação com Rocha foi em código e frases lacônicas.

Ao sair de Veracruz para entrar no estado de Puebla, fizeram um desvio, entraram na cidade e pararam numa farmácia. Foi tudo muito rápido, não acreditei. Montaño abriu a porta e me pediu que descesse. "Vou lhe dar dinheiro da minha diária para os seus remédios", disse ele. Lentamente, com as pernas adormecidas, saí do carro, desconfiando de que se tratava de outra brincadeira. Não compreendia nada, mas agradeci, aproximei-me da grade da farmácia e pedi meus remédios, mas o dinheiro deu apenas para pastilhas para tosse, não para o antibiótico, porque era muito caro. Voltamos para o carro.

Chegamos ao pedágio, e li um grande letreiro num edifício cor-de-rosa, que parecia um restaurante. Amanhecia. Nunca antes a luz do dia me arrebatara a alma como naquela manhã. "La Esperanza", li na parede e não pude deixar de sorrir. Pararam o carro ao lado do veículo vermelho. Dele desceu um sujeito moreno, alto, de bigode, muito desagradável. Foi cumprimentado como "chefe, comandante Rocha". Olhou-me de soslaio e ordenou: "Botem uma jaqueta nela." Montaño tirou sua jaqueta preta com siglas da PJ e a deu para mim, mas ela cheirava a suor e a cigarro, por isso me neguei a vesti-la. Haviam me levado toda a viagem desabrigada, com febre, e naquele momento pretendiam montar uma cena. Montaño me dirigiu um olhar que gelou meu sangue: disse que era uma ordem. Diante disso, apenas vesti a jaqueta sobre os ombros. A catinga velha de suor e cigarro chegou ao meu nariz, e precisei controlar uma ânsia de vômito.

Rocha ordenou que duas agentes judiciárias vestidas como civis, que vinham em seu veículo, entrassem no carro. Ordenou a Pérez que descesse e disse às policiais quase aos gritos: "Vocês vinham com ela desde Cancún." As palavras me escaparam: "Sou jornalista, comandante Rocha, e elas não vieram comigo!" Então, me arrependi de ter falado. O sujeito me olhou rapidamente com um quê de desprezo, depois me ignorou e, dirigindo-se a Montaño, disse: "Deixe que use o telefone para avisar sua família. Aqui não aconteceu nada. Se disser algo, vai ter de aguentar as consequências", sentenciou Rocha, enquanto as agentes vinham do outro carro para o nosso, carregando bolsas e confortáveis em suas invejáveis jaquetas. Pérez foi embora com Rocha, e a Liberty continuou atrás de nós.

## Puebla dos anjos de Kamel

Ao entrar em Puebla, pedi a Montaño que me deixasse avisar minha família. Antes ele deu um telefonema e disse a seu interlocutor que estávamos entrando na cidade. Depois digitou o número que ditei e me passou o telefone; nem pude acreditar. Ouvi a voz de Jorge, meu companheiro. Ele falou apressado, dizendo que estavam na Procuradoria de Puebla e que me esperariam lá. Atinei dizer: "Vão me levar pra delegacia e de lá pra penitenciária." Montaño me interrompeu: "Não, pra delegacia, não. Só eu vou saltar por causa de um papelzinho, aí vamos direto pra Cereso." Jorge ouviu a voz de Montaño. Desligamos.

Ao chegar à Procuradoria, o homem da Liberty se comunicou pelo rádio com Montaño e disse que iam entrar pela porta dos fundos.

Minutos depois, mudaram as ordens, dizendo em voz alta: "Não, não, ela está presa. Cheguem com as agentes pela entrada principal pra que seja vista com as mulheres."

Às 9h15 chegamos à Procuradoria. As agentes desembarcaram me escoltando, cada uma me segurando por um braço — agiam como se tivessem me acompanhado o tempo todo. No entanto, aquilo pouco me importava. Olhei escada acima; parecia uma montanha; não sabia se minhas pernas conseguiriam subi-la. Mas, lá, vi meu companheiro, minha irmã e as câmeras da Televisa. Naquele momento, já com poucas forças, disse às agentes enquanto subíamos: "Há videocâmeras nos pedágios de Mérida. Vai se ver que vocês não vinham comigo." Elas ficaram em silêncio.

Ao dar o primeiro passo para entrar na Procuradoria Estadual, Alicia Elena Pérez Duarte, advogada de direitos humanos enviada pela PGR para se assegurar de meu bem-estar, aproximou-se e me perguntou se eu estava bem. De repente, Jorge, parecendo que ia me abraçar — como o faria um mordomo —, colocou diante de mim uma jaqueta de couro verde-escura. Deixei-me vestir, e, por alguns segundos, nos abraçamos. Senti que ia desabar. As lágrimas se acumularam em meus os olhos e fiquei com um nó na garganta, mas senti de novo saliva em minha boca seca, como quem começa a chorar por dentro, saboreando a liberdade do pranto reprimido por quase vinte e duas horas. Minha irmã me abraçou, mas as agentes me puxaram cuidadosamente pelo braço e me ordenaram que continuasse caminhando.

Levaram-me rapidamente para os escritórios. Entramos numa sala com mesas abarrotadas de documentos. Montaño pediu alguns papéis a uma mulher, e surgiram dois homens que estavam no fundo do escritório, um deles, de olhos azuis e cabelos brancos, muito elegante, estava a uns três metros de mim. Ele me olhou com atenção e fez sinais (depois soube que era Hannah "Juanito" Nakad, o homem que ordenara que eu fosse estuprada na cadeia e que, naquele instante, falava com Kamel Nacif a meu respeito). Começou a falar em seu celular, mas não consegui ouvi-lo; ele se virou e fechou a porta do escritório. De repente, chegou um grupo de agentes judiciários muito agressivos, que ordenaram que Montaño esperasse; discutiram por alguns segundos, e Montaño disse ter ordens de me levar rapidamente para Cereso; no entanto, os outros o ignoraram, e um deles me puxou pelo braço, gritando: "Pra baixo!" Fizeram sinais para as duas agentes, e elas me escoltaram, seguidas por outros. Tudo aconteceu muito depressa, e novamente uma descarga de adrenalina fluiu como cascata por meu corpo; eu me senti alerta e sem forças, mas incitada pela hiperatividade de quem fareja o medo e não sabe o que terá pela frente.

Fui conduzida às celas e quase tropecei; deixaram-me de pé ali; as agentes ficaram bastante nervosas. Tentei captar tudo e notei que havia dois grupos: um que seguia ordens de fingir comedimento e outro que estava muito irritado e dava contraordens. Dois agentes judiciários fortões e mal-encarados saíram de um quartinho e gritaram para que eu caminhasse. Eles me aproximaram de um sujeito jovem, para quem sorri em busca de compaixão; estávamos diante de uma saleta para tirar fotografias, e ele estava terminando de preparar uma placa. Olhava-me fugindo de meus olhos, como se eu fosse um vulto, e depois me empurrou contra a parede e, diante de todos, abriu o meu casaco. Fingindo ser um acidente, tocou os meus seios, sorrindo. Pendurou no meu pescoço a placa com o número e tirou fotos, parado, na minha frente. De modo automático, ordenou que eu virasse para os dois lados, me pegou pelos cabelos e empurrou minha cabeça contra a parede sem dizer nenhuma palavra. Os outros sujeitos riram forçado. Um deles disse: "Quem essa criminosa pensa que é?" Um alto, que havia ordenado que eu descesse, me puxou e depois me empurrou, dizendo baixinho: "Pra dentro, cretina!" À esquerda havia uma porta metálica. O agente abriu o cadeado dela e me empurrou, deixando-me enclausurada lá. Puseram o cadeado, bateram a porta.

Percebi que estava numa câmara de Gessel (uma sala de interrogatório com um espelho de duas vistas). Intuí que, do outro lado, alguém me observava. "Testemunhas", pensei ingenuamente. Olhei para a frente: no chão, havia um colchão velho que cheirava a urina e sangue, com muitas manchas de sangue seco e um dos cantos totalmente rasgado, de onde brotava um recheio lamentável e horrível de lã.

Alguns minutos mais tarde, abriram a porta, e entrou o homem mais forte, que, com um par de insultos, me disse que eu ia aprender a lição, "para ver se quero continuar escrevendo mentiras". Não pude acreditar, não tinha forças para acreditar. Minha família estava lá em cima, a poucos metros, e, ainda assim, iriam me bater? Eu estava sentada num banquinho estreito, forrado de vinil preto todo rasgado, o que deixava à mostra a madeira velha que fora testemunha de sabe-se lá quantas torturas. Emudeci, fiquei paralisada, apoiando a cabeça contra a parede. O homem continuou me insultando e insistiu em que eu era uma criminosa. Olhei para ele, e por minha mente passou apenas a pergunta de como aquele desconhecido podia ter tanto rancor infundado. Perdi a noção do tempo, e, com o desespero, o medo desapareceu. Eu só queria chorar, mas resisti; não sei como, mas resisti.

A porta foi aberta em seguida. Como num universo paralelo, onde nada acontece de forma linear, deixaram entrar na sala um homem com uma jaqueta que tinha duas siglas bordadas da Comissão Estadual de Direitos Humanos. Parou diante de mim, segurando um papel em uma das mãos e uma caneta na outra. O cheiro forte de loção de lavanda e madeira irritou meu olfato. Com os cabelos cheios de de gel e um rosto bobalhão, o sujeito me chamou a atenção. Ele agiu de maneira estranha e me cumprimentou como se estivéssemos num bar, não numa câmara de torturas. Não me perguntou nada, mas disse que eu fora bem-tratada pela polícia e deveria assinar esse documento dos Direitos Humanos. Naquele instante, com a porta aberta atrás dele, entraram várias pessoas: fingindo alegria, vi a figura *petite* de Araceli, minha colega e advogada do CIAM, e uma jovem repórter da Televisa de Puebla acompanhada de um operador de câmera. A repórter me estendeu o microfone. Fiz uma rápida e desajeitada declaração sobre os maus-tratos. Não me sentia lúcida, mas sim fraca e profundamente angustiada. Poucas vezes havia sentido essa sensação de torpor gerada pela vulnerabilidade, por saber que sua vida e seu corpo estão nas mãos de desconhecidos e não há absolutamente nada que possa dizer ou fazer para mudar o quadro. Araceli se aproximou, e eu, resistindo ao choro, disse: "Me tire daqui, por favor; vão me bater." Ela empalideceu. O medo era compartilhado, e a advogada estava mais informada do que eu: ela sabia que o governador apoiava Kamel. Ela vivera em Puebla, estudara Direito lá, o que lhe dava a vantagem de ter fontes locais no tribunal que sabiam alguns detalhes sobre como e quem havia orquestrado minha prisão.

A repórter saiu e, diante de meu atordoamento, o homem (que depois eu saberia ser nada menos que o presidente da CEDH e que trabalhava para o governador Mario Marín) insistiu em que eu assinasse o documento, pois, daquela forma, tudo andaria mais rápido. Percebi a chantagem velada, mas me neguei a assinar. Em troca, o sujeito me disse que eu parecia bem, que eu não aparentava ter sido maltratada.

Todos saíram e, outra vez, me trancaram com o cadeado. Mas, antes, Araceli, a advogada, me informou que, pelo visto, já tinham ameaçado os advogados de Puebla que ela conseguira para me tirar da cadeia. Eu nem mesmo havia conhecido meus advogados locais. Então, ela me disse quase ao ouvido: "Parece que o governador Marín está protegendo Nacif Borge. Não querem soltar você." Foi a primeira vez que ouvi o nome do governador.

Segundos mais tarde, o diretor da Polícia Judiciária, Adolfo Karam, ordenou que me levassem a seu escritório. Não pude deixar de pensar em quem seria o chefe em cujas mãos eu estaria, aquele de que Montaño falara no carro. Ao entrar, deparei com a figura magra da senadora Lucero Saldaña. Ao me ver, ela instintivamente me estendeu seus braços, e eu, como uma menina, me atirei neles; nós nos abraçamos e, pela primeira vez em vinte e quatro horas, chorei: não foi um choro suave, mas com soluços incontroláveis — todo o meu corpo chorava de angústia. Lucero me apertou como uma mãe quando quer que a filha saiba que pode se prender aos seus braços fortes e me disse ao ouvido que Deus me pusera naquelas circunstâncias e que ele havia me protegido para chegar viva. "Não se entregue, não agora", disse docemente. "Está aqui e está viva. Não deixaremos que façam nada fora da lei. Vamos tirar você daqui. Não é um delito para cadeia." Rapidamente disse ao pé do meu ouvido algumas frases de uma oração e depois me soltou. Nossos olhares se cruzaram e, apesar de eu ter o rosto alterado, seus olhos se fixaram em mim para pedir um compromisso de fortaleza, e ela deu um lenço para que eu enxugasse as lágrimas.

Sentada numa poltrona de couro preto, ao lado da senadora que pertencia ao mesmo partido do diretor da polícia e do governador Marín, escutei algumas palavras vazias do chefe de polícia. Só então liguei as duas imagens: ele estivera lá embaixo, sorrindo ironicamente na câmara de Gessel, quando o sujeito da Comissão de Direito Humanos queria me forçar a assinar uma declaração de que eu não havia sido torturada. Uma corrente de ar gelado percorreu meu corpo outra vez. Quem tinha tanto poder para mexer todos aqueles pauzinhos contra uma jornalista desconhecida? Naquele momento, eu ainda não tinha uma resposta.

Montaño reapareceu. Levaram-me rapidamente, mas ainda consegui ver ao longe meus familiares. De novo no carro azul a caminho da cadeia, Montaño notou que haviam esquecido os documentos de entrada na prisão, o que era inconcebível. Que ironia: eu me senti segura indo para a cadeia! Já havia pessoas demais envolvidas, entre elas a senadora, para que se atrevessem a continuar me maltratando.

No carro, não pude resistir a perguntar a Montaño: "Esses foram pagos para me bater, não é?" Silêncio. Insisti: "Até vocês se assustaram. Quanto Nacif terá pagado?" As duas agentes judiciárias trocaram olhares. "Vocês também perceberam, não é? Estou vendo a cara de preocupação de vocês." Uma delas, a mais jovem, baixou o olhar e não respondeu, enquanto a outra olhava para a rua também sem responder. Atrás de nós, vinham vários carros, entre eles o da minha família, os dos defensores de direitos humanos e os da imprensa.

Chegamos à penitenciária, e Montaño — como se fôssemos velhos companheiros de viagem — me disse que ali acabava seu trabalho e me entregou a um guarda. Seu olhar me perturbou, era quase melancólico. "Então, dona Cacho, temos um trato. Tudo na boa, não é mesmo?" Respondi que cumpriria minha palavra. Um guarda me pediu que assinasse um livro. Ao pegar a caneta, as palavras dos policiais ricochetearam em minha mente. Eles sabiam onde eu morava e trabalhava, e estavam protegidos. Sacudi a cabeça para afugentar a ideia, como se espantasse uma mosca rondando meu rosto num dia quente. Ouvi uma voz masculina que me ordenava que seguisse a oficial. Diante de mim, havia três policiais vestidos de preto, como se fossem militares, e com armamento pesado. Todos eles me olharam cuidadosamente, depois trocaram olhares entre si. Uma mulher com um uniforme diferente, azul-marinho, me pegou pelo braço amavelmente e me fez entrar num cubículo. A porta era de acrílico e alumínio, forrada com uma película plástica descolada em vários pontos. Através da porta, eu via os policiais postados intencionalmente diante dela. Eles também podiam me ver. A mulher me pediu que eu me despisse; para me opor, consegui lhe explicar que estava com bronquite, que ali estava gelado e que não carregava nada comigo. Em tom monótono, a guarda disse: "É obrigatório." Então, comecei a tirar a roupa e tremi. O chão estava gelado; olhei para a porta, inquirindo: e eles? A mulher ficou na minha frente para tapar com sua baixa estatura o que pudesse do meu copo nu e me revistou. Os olhares dos homens armados de repente perderam a importância, pois não havia nada que eu pudesse fazer para evitar sua lascívia. Ao me tocar para que me virasse de costas, ela me perguntou quase atordoada: "Você está com febre?" Confirmei com a cabeça; eu me sentia humilhada, sem forças para lutar. Então, ela me disse para me vestir rapidamente.

Enquanto eu vestia o casaco, a mulher me perguntou se eu era a da televisão, a que escrevera o livro sobre Kamel Nacif. Olhei atordoada para ela e lhe respondi que sim. "Nacif tem gente aqui dentro", disse ela em tom de cumplicidade. De repente, cuspiu uma frase: "Não deixe que levem você para a ala de alta segurança." Nesse momento, chegou outra guarda, robusta e de cabelos curtos e ondulados, com um rosto amável, que me olhou quase com doçura. Perguntei seu nome. Griselda me pegou por um braço e me levou enquanto a outra seguiu à minha esquerda. Os três policiais armados nos acompanharam. Em voz baixa, como que movida por uma solidariedade inevitável, disse ela: "Tudo já foi arranjado para baterem e estuprarem você." Mal consegui perguntar: "Mas como? Quem?!" "Algumas presas, com cabos de vassoura." Pedi em voz baixa, como quem reza diante do inevitável: "Por favor, por favor, não deixem que me machuquem", repeti apavorada.

Eu não sentia o corpo. Caminhei quase sendo arrastada pelas guardas; os policiais lhes pediam que me entregassem a eles, pois tinham que me levar a outro lugar. Tudo aconteceu rapidamente: fui levada por vários corredores, atravessamos portões. Uma das guardas respondeu aos policiais quase aos gritos que me levariam à enfermaria para ter o atestado médico. Eles aceitaram. "Mas tragam ela de volta", gritou um.

Passando o último portão, uma jovem guarda disse meu nome e abriu uma grade elétrica. À minha frente, havia um pátio ensolarado, um toldo branco em cuja sombra mulheres sentadas conversavam entre si e com meninos e meninas. Do salão à esquerda, surgiu uma desafinada música norte-americana. A guarda me explicou que os sábados eram dias de visita. "As celas estão lá", apontou, dizendo que não podiam me levar para dentro porque não sabiam quais eram as presas pagas para me machucar. Eu me senti confusa: não deveria ir lá para fora com os policiais? Já não me atrevia a perguntar. Fui levada à enfermaria, onde me esconderam para me proteger. A médica me ofereceu duas aspirinas. Eu não havia comido, e, um momento depois de tomá-las, meu estômago ardeu como lava vulcânica. Uma jovem presa deitada na enfermaria, ligada a um litro de soro, conversava sem parar e me fez duas perguntas. O quarto era pequeno, cheirava a uma mistura de suor, urina e medicamentos. Pedi para ir ao banheiro e descobri que não tinha água, o vaso estava destruído, e precisei pegar uma bacia com água cinzenta para que o líquido fedorento descesse. O resultado foi repulsivo, de modo que saí rapidamente, mas o odor do quarto não era muito melhor. Além disso, havia o ar frio de inverno, por isso as janelas estavam fechadas. Observei a jovem. Em seu braço esquerdo havia uma bela figura de dragão. Ela se dirigiu a mim, e eu, com a boca seca e a mente ofuscada pela falta de sono e de alimentos, sorri desanimada. "Foi Kamel Nacif quem colocou você aqui? Você não vai sair. Ele manda aqui. Muitas garotas estão presas por reclamar nas tecelagens." Quase farta, respondi que meu delito não previa cadeia, que eu ia sair em algumas horas. "O meu também não, nem provas ele tem, mas estou aqui há seis meses", disse a jovem com uma voz quase compassiva. Engoli saliva. Silêncio.

A outra guarda entrou de novo. Como quem não quer nada, comentou que, pelo visto, eu ficaria até 2 de janeiro. Meus olhos se inundaram de medo, flutuaram no sal de algumas lágrimas que não se atreveram a se derramar enquanto as palavras fugiram apavoradas de minha mente e de minha língua. Eu era uma ilha.

Elas falaram entre si sobre o poder de Nacif em Puebla e de seu sócio, que explora os presos com suas tecelagens. Senti-me presa. Então, perguntei à guarda se havia outro lugar onde eu pudesse me sentar; não falei, mas o cheiro, a conversa e o medo me asfixiavam. Em seguida, fui levada à biblioteca, onde uma guarda passou pouco mais de uma hora ao meu lado e me contou sobre as injustiças e as jovens reclusas. Sentada numa cadeira diante de uma mesa pequena, apoiei os braços para repousar a cabeça. A guarda me disse que tinha de sair e, enquanto isso, que eu lesse um pouco. "Tem um lápis?", perguntei-lhe. Ela me deu um lápis pequeno que mal tinha ponta. Levantei e percorri o olhar por uns cinquenta livros velhos: achei um de Vasconcelos. Eu o abri e li as primeiras frases, a declaração de um preso que se diz inocente — era um conto. Peguei o lápis, enfiei a mão no bolso traseiro da calça e encontrei um cartão de apresentação que alguém havia me dado na manhã anterior à prisão. Transcrevi umas frases do conto: li devagar e pensei na dívida que tenho com minha mãe por ela ter me transformado numa leitora voraz. A literatura nos resgata do mundo, nos leva a outras realidades.

Naquele momento, como em nenhum outro antes, me senti agradecida por poder me subtrair do mundo com as palavras de um terceiro.

A guarda voltou e me disse que me chamavam na grade. Caminhamos pelos corredores e passamos um portão. Ela abriu uma grade parecida com uma jaula de animal e explicou que deveria fechá-la (ela ficaria sentada ao meu lado, mas do lado de fora). Agarrei-me às barras e senti minhas pernas fraquejarem; não conseguia me manter de pé. Agachei-me e comentei isso com a guarda, que, com boa vontade, me deu uma cadeira, na qual desabei. Quem me visse do outro lado da grade pensaria que eu estava de pé. Então, apareceu uma mulher de lábios carnudos, cabelos curtos, castanho-escuros, pele pálida e olhar ansioso, que me cumprimentou amavelmente e se apresentou como a juíza de instrução do Quinto Tribunal, Rosa Celia Pérez González, e me explicou que decretara minha prisão às 10h45. Não entendi a linguagem, mas concordei. Ela me explicou que eu teria direito a uma audiência pública. Também concordei. Insistiu, cautelosa, que seria muito incômodo para mim, pois haveria muita gente da imprensa e câmeras de televisão; mas eu me senti aliviada: desejei que meus colegas estivessem lá, que todos me vissem, que registrassem tudo. Respondi que sim e então percebi o nervosismo dela. Araceli se aproximou da grade, junto com Jorge, meu companheiro, e aos poucos senti que meu peito se libertava da angústia. Jorge pegou seu celular e me disse: "Sorria". Não consegui evitar. É um homem capaz de me fazer rir mesmo nos momentos mais difíceis. Até hoje guardo essa fotografia em que sorrio através das grades, olhando-o agradecida, amando-o por ser capaz de semelhante brincadeira.

A audiência preparatória aconteceu, e enfim conhecemos a denúncia de Kamel Nacif e as provas que apresentava. A juíza leu toda a acusação, e compreendi afinal que, na realidade, se tratava da defesa do pedófilo Succar Kuri. A acusação de Kamel Nacif incluía um documento no qual Emma, a vítima que acusara Succar, assinava uma retratação parcial; não pude acreditar. Minha adrenalina voltou e com ela o faro jornalístico. Se eu ficasse presa, o juiz norte-americano acreditaria que o conteúdo de minha investigação era falso, o que ajudaria na libertação de Succar. As meninas seriam novamente aliciadas pelos pedófilos. Não, não podíamos calar aquilo.

Reservei-me o direito de fazer uma declaração e solicitei minha liberdade sob fiança, que foi fixada primeiramente em 140 mil pesos que deveriam ser pagos em dinheiro. Meus advogados pediram a ampliação do término constitucional para que se determinasse minha situação jurídica. Era sábado, aproximadamente quinze horas: os poucos bancos abertos estavam fechando naquele momento, e não era possível minha família e meus amigos conseguirem mais que 70 mil pesos. Eles esvaziaram suas bolsas e carteiras e saíram correndo aos caixas eletrônicos. Se a juíza fosse embora e não pagassem a tempo, eu teria que ficar na cadeia até segunda-feira. Essa era a intenção — depois a advogada me explicaria que, em casos similares ao meu, na história dos tribunais de Puebla, a fiança mais alta havia sido de pouco menos de 20 mil pesos.

Minha advogada solicitou que a juíza reconsiderasse o montante da fiança e o reduzisse. Ela aceitou, não sem antes fazer algumas ligações do telefone do tribunal. Após meia hora, houve um acordo favorável, e foram depositados 70 mil pesos em dinheiro no tribunal.

Mais tarde descobriríamos, pelas investigações da PGR e da Suprema Corte de Justiça, que a juíza telefonara para o celular do presidente do Tribunal Superior de Justiça de Puebla, Guillermo Pacheco Pulido, e ele, por sua vez, para o governador Marín e para Hannah "Juanito" Nakad. As redes de cumplicidade que obedeciam Kamel Nacif funcionavam adequadamente.

O pessoal da imprensa rodeava a juíza, escutava e gravava tudo. Senti-me protegida e entendi melhor do que nunca o poder do jornalismo quando dá voz aos que foram emudecidos pelo peso esmagador da violência; agradeci as perguntas insistentes e atropeladas e tentei responder a todas com a pouca energia que me restava. Fui avisada de que eu seria liberada sob fiança em torno das 15h30. A guarda me disse que eu tinha de voltar para dentro. "Não", respondi suplicante à fiscal especial, Alicia Pérez Duarte, enviada pelo general Serrano, da Subprocuradoria de Crime Organizado. Ela me disse que estava tudo bem, que eu sairia em duas horas.

Meses depois, fazendo terapia, compreenderia por que eu tivera aquele ataque de pânico. Ao longo das horas anteriores, cada vez que tudo parecia entrar nos eixos, uma nova tortura se apresentava. O trauma começava a se assentar em minha memória, registrando o sobe e desce da violência preparada para mim. Os elementos invisíveis da tortura podem ser entendidos apenas quando vividos na própria carne. Essa montanha-russa de acontecimentos é o que dobra tantos encarcerados e os fazem sair da prisão pedindo perdão, suplicando liberdade. Apenas os que viveram sabem que os minutos parecem horas, e estas, dias. E a vida é vista como miserável e escura.

Levaram-me de volta à penitenciária, outra vez à enfermaria. Por alguma razão, as guardas me protegiam muito. Não diziam nada, mas intuí que algo acontecia. Eu também não falava. Às 15h30 me chamaram outra vez. Quase desmaiei quando me avisaram que me levariam ao escritório do diretor da prisão. Dois policiais entraram em silêncio, e a guarda me deixou. O homem dos Direitos Humanos do estado de Puebla voltara com seu perfume pestilento. Elas nos deixaram sozinhos. Ele me pressionou para que eu assinasse um documento. "Olhe, já vai sair, a imprensa já viu que está tudo bem, que não machucamos você. Se você assinar rapidinho, sairá. Escreva que a trataram com respeito." Mas eu me neguei, e um dos policiais me disse que era para sair logo. Eu estava trancada num escritório com um policial armado e o sujeito dos Direitos Humanos. Não fui capaz de medir o perigo que isso podia implicar. Sorriu com o papel na mão e me disse: "Se não assinar, não sairá hoje; a juíza irá embora." Desesperada, peguei os papéis e assinei uma folha. Intempestivamente, entrou o diretor do Cereso. Com uma amabilidade teatral, ele se apresentou, me estendeu a mão e perguntou aos policiais o que estavam fazendo ali. Eles disseram que precisavam que eu assinasse algumas coisas. Então, ele os repreendeu e me pediu desculpas outra vez. Percebi duas forças opostas: uma que me protegia e outra com ordens de me maltratar. Os policiais me levaram rapidamente, escoltada por diversos homens armados. De repente, eu estava na rua, em liberdade. Olhei ao redor. Era um estacionamento sem pavimentação. Não vi minha família. Ela estava me esperando na outra saída, a uns 500 metros. Corremos para nos encontrar, enquanto os colegas da imprensa permaneceram onde minha família estava. Abracei minha irmã Myriam e meu companheiro; além disso, minhas amigas estavam presentes. Era o fim do pesadelo, pensei e sorri como se tivesse renascido. Eu me sentia feliz, inteira, viva e acompanhada.

# 4

# O "*gov* maravilha"

A sensação de liberdade durou apenas algumas horas, justamente o tempo de um jantar em que eu, amigos e familiares transitávamos pela falsa euforia de ter alcançado a justiça. Uma angústia silenciosa brotava em nossa percepção, entremostrando que os fios do poder manipulados por Kamel Nacif tinham alcances insuspeitos. Quando serviram o cafezinho, a sombra do auto de prisão formal já rondava nossa mesa.

Ao sair da cadeia, descobri que os advogados locais haviam aguentado apenas algumas horas: renunciaram por medo das represálias de Marín e do aparato da justiça de Puebla. Por isso, começamos a procurar outros advogados, e o pesadelo recomeçou. A juíza havia nos notificado, ainda no sábado em que fora libertada, que eu deveria reunir todas as provas para evitar o auto de prisão formal até terça-feira. Estávamos em Puebla, sem advogados criminalistas, e minhas provas estavam em casa, em Cancún. Para piorar, grande parte dos recortes que eu havia guardado numa caixa de papelão perecera dois meses antes de eu ser presa, quando o furacão Wilma açoitou a cidade com fúria. Meu apartamento — como centenas de residências — ficou inundado durante mais de uma semana, sem que eu pudesse entrar nele. Faltavam poucos dias para o Natal e ninguém atendia às nossas ligações. Araceli, a advogada do CIAM, colaboradora voluntária, viajou a Cancún e levou consigo para a capital tantas provas quantas foram encontradas. No entanto, ela é especialista em direito fiscal e familiar, e necessitávamos de um criminalista. O primeiro que aceitou não chegou à sessão do Tribunal no dia da audiência, pois sofreu um ataque de diarreia que o impediu de sair de casa. Quem o recomendara admitiu depois que ele havia passado toda a noite examinando meu livro e as provas, e não teve a honradez de nos avisar que estava borrado de medo, que se sentia cansado e doente.

Ativamos nosso "quartel de defesa", como Jorge comicamente o batizou. Meu irmão José Ernesto, Jorge e eu destrinchávamos os pormenores da longa história do caso Succar, pormenores esses que haviam levado à minha detenção. Os estragos da tortura e a adrenalina me impediam de dormir. Eu me sentia numa corrida contra o tempo. Sabia que tinha provas para sustentar meu livro, e o pânico de voltar para a cadeia e passar lá quatro anos era meu motor mais eficaz. Finalmente, três dias depois de eu ter saído da prisão, estando eu angustiada, concluímos como pudemos os primeiros documentos de defesa. Araceli foi a Puebla entregar as provas e solicitar minha liberdade por falta de elementos; depois haveria tempo para derrubar o processo. Na sexta-feira seguinte, três dias mais tarde, eu teria que ir a Puebla para que a juíza desse a resolução: auto de prisão formal ou falta de provas para sustentar a denúncia de Kamel Nacif.

José Luis Santiago Vasconcelos, subprocurador da área de Crime Organizado, pediu-me que lhe comunicasse a hora em que sairíamos para Puebla. Ele tinha uma informação que não havia compartilhado comigo — dissera-me, simplesmente, que enviaria duas caminhonetes blindadas para nossa viagem até lá, bem como seis agentes especializados. De modo algum deveríamos viajar sozinhos na estrada.

Dois dias antes do Natal, num comboio com minha família, o advogado e alguns amigos solidários, saímos do Distrito Federal rumo à cidade de Puebla. Já era tarde quando nos hospedamos num hotel local, para estarmos no tribunal na primeira hora. Jorge e eu, abraçados, quase não dormimos. Falávamos pouco, mas nos animávamos com frases feitas, garantindo mutuamente que nos sairíamos bem daquela.

Na manhã seguinte, descemos até o restaurante e nos encontramos com meus irmãos e irmãs. Araceli estava pronta, com todos os documentos, enquanto Jorge, jornalista viciado em informação, trouxe para nossa mesa os jornais do dia. Nós os folheamos, e em minhas mãos veio parar uma página inteira com a manchete: "Criminosa." As declarações do governador de Puebla, Mario Marín Torres, em que ele me acusava de criminosa, apareciam em vários jornais locais. Bebi um gole de café e disse calmamente à mesa: "Vão me dar o auto de prisão formal." Mas minha irmã, Sonia, dizia que eu estava errada e me motivava, com carinho, a não ser pessimista. Para mim, estava claro: se, muito antes de a juíza dar o auto de prisão formal, o governador se atrevia a me declarar culpada era evidente que tudo estava arranjado de antemão. Em outro jornal, a procuradora de Justiça, Blanca Laura Villena, declarava sem se envergonhar que, no caso de a juíza não me declarar culpada, "ela pessoalmente se encarregaria de me botar na cadeia". Víamos os jornais e não conseguíamos acreditar. A procuradora declarava com uma veemência incomum o desejo de ser encarregada de resguardar o princípio de direito constitucional de que "toda pessoa deve ser considerada inocente até prova em contrário". Não era necessário ser jornalista para perceber que Kamel Nacif tinha no bolso o governador e a procuradora. Mas por quê? O que deviam a ele? Era o que perguntava meu irmão mais velho.

Saímos antecipadamente do hotel e fomos para o tribunal, nas proximidades da penitenciária. Uma quantidade incomum de jornalistas nos esperava. Caminhamos em silêncio, e comentei apenas que era preciso esperar. Eu levava na mão o jornal com a declaração do governador. Entrei com ele no tribunal. Na porta, rodeada por minha família e com meu companheiro ao lado, disse-lhes: "Vamos ao auto de prisão formal." Eu precisava estar preparada, não queria usar o direito de ter esperança. Já se haviam passado quatro noites desde a viagem da tortura, os pesadelos não me deixavam descansar, mas eu não estava disposta a deixar que os cúmplices do pedófilo soubessem. Pensava nas meninas valentes que, ainda em Cancún, continuavam em terapia, sobrevivendo à degradação de terem sido forçadas por Succar Kuri a fazer pornografia. "O livro é por elas, pelas pequenas", eu pensava em silêncio. Por elas estamos aqui. Querem me calar para calá-las.

Entramos na sala, e a juíza me recebeu com a advogada: ela me cumprimentou com um aperto de sua mão, que estava suada e nervosa. A imprensa a observava, e a grande janela aberta impedia os segredos. Em seguida, eu lhe disse: "Sei que você fará o que é ético; sou inocente." A juíza sorriu com uma careta inescrutável — e o veredicto não foi dado por ela, mas por um secretário do tribunal. Sem maiores explicações, cercado pelos jornalistas, ele leu o auto, sem nem mesmo me lançar um olhar, fixando-se sempre no papel: "Decreta-se o auto de prisão formal pelos delitos de difamação e calúnia." Um zumbido coletivo de suspiros encheu a sala. Uma cascata de energia gelada se derramou por dentro do meu corpo. Repórteres e operadores de câmeras se mexeram, e nós saímos com lentidão. Enquanto isso, respirei fundo. Araceli me fitou com os olhos cheios de lágrimas, pois se sentia culpada: era minha advogada e companheira de trabalho, e acreditara que tudo dependia dela. Depois entenderia que todas nós fôramos atropeladas: o plano havia sido urdido com antecedência, e só restava tentarmos nos defender com dignidade.

Ao sair, por instinto, levantei o jornal sobre minha cabeça e, pela primeira vez, declarei que o governador Mario Marín, de alguma forma, estava implicado em meu sequestro legal, que era necessário investigar o que movia um governador a agir como juiz criminal num caso que era aparentemente entre dois particulares, Kamel Nacif, sócio e protetor do pedófilo Succar Kuri, e eu, a jornalista que publicara a história verdadeira narrada pelas vítimas desse.

No dia seguinte, começou o que, durante mais de um ano, seria uma maré interminável de declarações na imprensa, as quais foram revelando peças da história, muitas delas incompreensíveis para a maioria das pessoas. Dois meses depois, então, surgiram as chamadas telefônicas que explicariam que, enquanto o sequestro acontecia, Kamel ligava para Marín, batizando-o amorosamente de "meu herói, meu *gov maravilha*" por lhe ter feito o favor de manejar o aparato da justiça para me prender e me torturar.

Começamos a fazer uma compilação sistemática de todos os jornais, vídeos, gravações de rádio e entrevistas nas quais as autoridades de Puebla e o próprio Kamel falavam contra mim. Entre tais dados, apareceu uma joia: uma entrevista realizada com Kamel Nacif no jornal *Reforma*, de 20 de dezembro de 2005, em que Nacif agradecia "publicamente ao governador" por ter feito justiça, já que, assegurava, ele mesmo dissera ao mandatário: "Esta velha está me difamando e, zás, saiu a ordem de prisão." De nada serviram as tentativas de Nacif para retificar a atribuição direta que fizera da participação do governador, assim como os comunicados de Marín por intermédio do porta-voz Valentín Meneses. Os demônios andavam à solta, acostumados a abusar do poder. Todos, desde Nacif até o governador e a procuradora, passando pelo chefe da Polícia Judiciária, davam declarações com um ricto de honra no rosto, antecipadamente acreditando que "a louca mentirosa da jornalista", como me chamou Nacif no rádio, não poderia provar nos tribunais a conspiração criminosa que eles armaram para proteger o líder pedófilo Succar Kuri, liderada por seu padrinho Kamel Nacif.

Contei várias vezes a história da viagem e da prisão. A procuradora declarou à TV Azteca, da cidade de Puebla, que eu tinha sido tratada com todo o respeito devido a meus direitos humanos e que era uma pena que eu tivesse inventado aquela história. Um ano mais tarde, ficaria provado que eu dissera a verdade.

A juíza decretou que, toda semana, eu deveria ir à penitenciária assinar um documento. No entanto, eu vivo em Cancún, e a penitenciária está a 1.500 quilômetros de minha casa. Como eu conseguiria manter esse oneroso gasto de viajar pagando 6 mil pesos semanais apenas para assinar minha liberdade sob fiança? A busca por um advogado ou advogada criminalista que me defendesse continuou intensamente. Enquanto isso, eu mantinha conversas com a editora Random House, que, com o selo Grijalbo, havia publicado *Los demonios del Edén*, livro que me levara à prisão. O diretor comentou que as pessoas estavam pedindo o livro em toda parte. Minha investigação jornalística vendera bem, mas eu ainda não havia recebido nem sequer um centavo dos direitos autorais. A maioria dos autores se conforma com o adiantamento, por pior que seja, e, quando recebe os direitos, um ano depois, eles não chegam nem perto do que se imaginava. Eu não era exceção. A editora se comprometeu a assumir parte dos gastos com advogados, mas haveria um limite, o que para mim era mais uma angústia — a mesma de milhões de pessoas que se veem envolvidas num pleito judicial: de onde tirar tanto dinheiro?

Por fim, em janeiro, consegui um advogado disposto a me defender. A imprensa tinha conseguido mostrar a corrupção do governo de Puebla em relação ao meu caso, e isso pusera na mira o próprio Tribunal de Justiça. Por essas evidências, não porque eles acreditassem que fosse a coisa certa a se fazer, ainda que tenha sido, meu advogado e seus assistentes conseguiram levar o julgamento para Cancún, já que, se houvera crime, ele teria sido cometido no Distrito Federal (onde o livro fora publicado) ou em Cancún (onde eu o escrevera). Em 13 de janeiro, a Segunda Sala Penal do Tribunal Superior de Justiça do Estado de Puebla anulou a apelação e decretou minha liberdade pelo crime de calúnia, mas manteve o crime de difamação. Logo entendi o motivo: a calúnia consiste em divulgar uma mentira; a difamação, simplesmente em atingir a reputação de alguém segundo a opinião do juiz. Contra isso não havia defesa.

Então, compreendi que o crime de difamação pelo qual eu fora a "provável responsável" implicava elementos subjetivos, como a honra e o bom-nome de Kamel Nacif e o suposto dolo direto exercido por mim ao escrever o livro. Eu insistia com meus advogados que, no caso do "rei do brim", não existia boa reputação a ser preservada, muito menos havia dolo direto com intenção de injuriar ao escrever o livro, pois eu fizera apenas um trabalho de investigação jornalística, amparando-me no direito de um interesse público legítimo de proteção às vítimas de Succar Kuri. Além disso, no México está aparentemente consagrada na Constituição a liberdade de imprensa e expressão, o que, segundo diversas teses de jurisprudência, se encontra acima da honra de alguém, pois a honorabilidade é muito relativa. Meu advogado, que me forçava a entender o jargão jurídico, ao qual eu tinha resistências, me explicava que, se um ladrão de bancos rouba uma instituição financeira, é levado para a cadeia e, em seguida, um jornalista descreve sua vida e os fatos, ainda que exista um vídeo que comprove o roubo, o larápio, de sua cela, pode denunciar o jornalista por atingir sua honra, "pois sua família e seus amigos não sabiam que ele era um criminoso". Apesar de parecer uma piada de muito mau gosto, é assim que acontece, embora o ponto fundamental seja que o larápio precisa de um agente do Ministério Público e de um juiz ou juíza que se prestem a aceitar semelhante denúncia para, então, decretar um auto de prisão formal. Em geral, isso acontece quando há tráfico de influência, como em meu caso e em milhares de outros no México.

Descobrimos que a denúncia foi interposta no Ministério Público de Crimes Eleitorais, para ser mantida em segredo. Os documentos provaram que a juíza se negara, na primeira vez, a aceitar o caso, "porque não poderia ser julgado em Puebla um crime supostamente cometido em outro estado". No entanto, depois de receber pressões do presidente do Tribunal, Guillermo Pacheco, e de Hannah "Juanito" Nakad, a juíza aceitara ordenar minha prisão. Encontramos assinaturas falsificadas na ata e uma série de dados que parecia nos apresentar um enigma. Pensar que praticamente todo o aparato judiciário de Puebla e o governador estavam contra mim parecia um absurdo — pelo menos, a princípio, eu me neguei a acreditar. Mas a realidade me fez deparar com uma surpresa inimaginável.

## O "*GOV* MARAVILHA"

### "Você é meu herói, cara"

Em 14 de fevereiro, o México amanheceu com uma notícia espetacular. O diário *La Jornada* e a notável jornalista de rádio e televisão Carmen Aristegui apresentaram à opinião pública uma série de gravações telefônicas em que Kamel Nacif oferecia uma garrafa de conhaque ao governador Mario Marín para agradecer "o cascudo" que haveria de me dar. As palavras coincidiam perfeitamente com as frases utilizadas em dezembro por Marín, quando declarara textualmente à imprensa que em "seu estado, Puebla, as que cometem crimes são chamadas de criminosas" e que me "dera um cascudo". De uma hora para outra, toda a imprensa que me dera voz tratou de analisar, repetir e estudar os telefonemas. Tudo o que eu havia narrado ao sair da prisão ficou evidente, tal como o plano de Kamel Nacif e Hannah "Juanito" Nakad, operador da tal tecelagem na prisão, para que me estuprassem com cabos de vassoura e me batessem na cadeia.

Joaquín López Dóriga foi implacável durante uma extraordinária entrevista com o governador naquela mesma noite, assim como Carlos Loret de Mola na manhã seguinte. Os telefonemas foram, inclusive, mencionados na *ABC News*, no programa *20/20*, de Bryan Ross, e também pelo *El País*, na Espanha, pelo *New York Times* e pelo *Washington Post*. A imprensa e os analistas, particularmente internacionais, acreditavam que, após esses telefonemas, o governador Marín não continuaria em seu posto político. Não acreditavam, igualmente, que Kamel Nacif e seus cúmplices não seriam investigados e presos por autoridades mexicanas.

Meu caso deu um passo à frente: as ameaças de morte aumentaram, as ligações para minha casa se multiplicaram, houve mais ataques da procuradora de Justiça na imprensa, recebi mensagens do governador Marín, por intermédio de terceiros, querendo saber "quanto dinheiro eu queria para deixá-lo em paz". Como réplica, cada ameaça era revelada na imprensa. Sempre que a equipe de Marín e Nacif tentava negociar com meus advogados, eu revelava suas trapalhadas. Com meu advogado, tratei de denunciar criminalmente o governador Marín e toda a sua equipe, bem como Kamel Nacif e Hannah "Juanito" Nakad, por associação criminosa, tentativa de estupro, tráfico de influência e outros crimes. Meu advogado me garantiu que não havia a menor chance de eu ganhar, nem de a denúncia ser, de fato, investigada. O que meu advogado dizia não era estranho: cada vez que a Presidência da República quer atrapalhar algum caso ou série de casos e calar o clamor social por justiça, cria uma Comissão Especial. Havia acabado de criar a Comissão Especial para a Defesa de Jornalistas.

Eu sabia de tudo aquilo, mas me parecia que teria de mostrar com fatos, não com hipóteses, que, quando um cidadão mexicano tem provas de violações das garantias constitucionais e dos direitos humanos, as instituições do Estado não o protegem nem lhe dão direito à justiça com presteza e rapidez. Poríamos à prova as instituições. Se eu perdesse a vida, ao menos teria feito tudo o que estava a meu alcance para me defender do poder do Estado formal, que defenderia o poder criminoso. Foi um acordo que fiz com minha família e meu companheiro.

No dia em que fiz a denúncia, me senti contente pela primeira vez em muito tempo. Os agentes judiciários haviam jurado que eu não chegaria a lugar algum; no fim das contas, seria sua palavra de homens contra a minha. Mas não: também tínhamos a gravação da palavra de seus chefes para me dar razão.

Meses depois, descobri que meu advogado não havia oferecido as provas necessárias. O juiz criminal de Quintana Roo garantia todas as facilidades a Kamel Nacif e impedia que minha causa avançasse. No entanto, não podíamos provar que se tratava de corrupção, porque, em virtude da forma sutil com que me encurralavam, isso só se poderia provar com um investigador especializado, contratado apenas para estar diariamente nos tribunais. Eu não podia. Tinha de trabalhar para viver, juntar provas para minhas acusações contra Marín, Nacif e seus cúmplices, resistir aos pesadelos noturnos nos quais os agentes judiciários apareciam pela meia-noite em meu apartamento e, pondo uma arma na minha testa, diziam: "Nós dissemos que viríamos, se nos acusasse." Eu estava decidida a não deixar que meus carrascos soubessem que conseguiam me prejudicar. Eu dava entrevistas e resistia às lágrimas diante de certas perguntas. Nós dávamos um passo à frente, e as autoridades nos empurravam três passos para trás. Provas desapareciam, e o juiz insistia que as provas contra Succar não tinham relação com o caso de difamação de Kamel Nacif.

Houve semanas em que a angústia era tanta que, ao me levantar pela manhã, só me restava chorar sozinha, em minha casa. Depois, eu me esforçava para praticar um pouco de ioga e comer, para seguir em frente. Meu celular tocava sem parar, gente de toda parte me convidava para os mais variados tipos de evento: sua solidariedade era incomensurável, mas também suas exigências. Eu recebia entre 150 e 200 e-mails diários. Gente que oferecia apoio moral; leitoras e leitores de todas as idades que demonstravam indignação e enviavam orações e carinho; convites para eventos e para receber reconhecimentos de todos os tipos. As pessoas me paravam nas ruas para tirar fotos, para pedir autógrafo ou para dizer o quanto meu livro as impressionara. Minha escolha, composta de três agentes (dois homens e uma mulher), começou a agir de modo mais meticuloso. Não sabíamos se alguma dessas pessoas de expressão amável que se aproximava de mim teria uma arma. Nunca deixei que eles maltratassem ninguém, mas houve uns dois casos em que, em eventos públicos, alguém estranho se aproximou obsessivamente, tentando me abraçar, de modo que tive que pedir ajuda.

Em meio a todo esse caos em que minha nova vida havia se transformado, despedi meu advogado. Depois de quatro meses de prisão, havia gastado meio milhão de pesos em minha defesa, com a ajuda da editora e a solidariedade das pessoas que compravam meu livro para ajudar. Com o tempo, haveria de gastar quase três milhões de pesos em assistência legal. As organizações feministas faziam coletas para pagar alguns gastos da minha defesa. A elas se uniram Sylvia Sánchez Alcántara, como presidente do International Women's Forum (Capítulo México), e as maravilhosas mulheres que pertencem a esse grupo de lideranças empresariais. As pessoas não faziam pequenos donativos e simplesmente se afastavam; pelo contrário, mantinham-se atentas, acompanhavam o caso e ofereciam apoio moral cada vez que os problemas aumentavam.

Sem me dar conta, criara-se sobre mim uma imagem de heroísmo. Muita gente criou expectativas sobre minha pessoa que eu jamais fomentei e, tenho certeza, jamais poderei cumprir, mas meu país está tão necessitado de esperança que uma mulher valente que defende seus princípios com honestidade pode chegar a ser vista como um caso excepcional. Eu passava os dias driblando o medo, alentada pela esperança de, algum dia, recuperar minha vida de antes. Ao terminar uma entrevista a uma rádio, o solidário Nino Canún me disse: "Você nunca vai voltar à sua vida de antes." Ele estava certo.

## O "*GOV* MARAVILHA"

### Criminalizar a verdade

Quando eu era criança, minha mãe me dizia que a verdade é muito mais rápida que a mentira, porque a mentira sempre cai em virtude de seu próprio peso, já que, para sustentar uma falsidade, são necessárias outras mil, e estas se transformam num fardo impossível de carregar sem se pôr, eventualmente, em evidência. A verdade, em troca, flutua ligeira para quem quer vê-la tal como é.

É indiscutível que ninguém advertiu o governador Marín das consequências de sustentar seu comportamento falacioso apesar das evidências. Talvez por isso tenha decidido, com os membros mais próximos de seu gabinete, levar adiante uma estratégia de vingança interminável contra qualquer um que se mostrasse favorável à minha causa e contra sua corrupção.

Quando saí da cadeia, em 17 de dezembro, no grupo de pessoas que me esperava, encontrava-se uma de minhas amigas mais queridas: Mónica Díaz de Rivera. Nascida em Puebla, escritora e ex-coordenadora da Biblioteca Lafragua da Benemérita Universidade de Puebla (BUAP), Mónica é uma feminista famosa que, desde os anos estudantis, se dedicou a promover os direitos da mulher. Por seu compromisso, desde que foi fundado o Instituto Nacional das Mulheres e, mais tarde, o Instituto Poblano da Mulher (IPM), ela fez parte do conselho cidadão, o qual deu estrutura e sentido à instituição que busca trabalhar na promoção da equidade e na eliminação de todas as formas de violência contra mulheres e meninas. Pelo prestígio que ganhou, Mónica foi convidada pela presidente do IPM para garantir que, de fato, as mulheres de Puebla fossem protegidas e atendidas. Seu trabalho foi excepcional, até que Marín mandou despedi-la por ter me abraçado ao sair da cadeia. Ela conhecia o alcance da repressão do governador; no entanto, ficou ao meu lado e se deixou fotografar pelos representantes da procuradora Villeda. Dias depois de eu ter recebido o auto de prisão formal, a presidente do IPM mandou chamar Mónica a seu escritório. Com o rosto pálido, olhar fugidio e de maneira sucinta, disse a Díaz de Rivera que se via forçada a exigir sua renúncia. Ao ser questionada, a única coisa que a priista pôde responder foi: "São ordens de cima." Depois de Díaz de Rivera, umas vinte pessoas de diferentes setores que se pronunciaram contra a violência e a injustiça de meu caso tiveram o mesmo tratamento. Por mais de um ano e meio, o IPM ficou inutilizado com a saída dos que lhe davam vida. As mulheres de Puebla, que pediam apoio por causa da violência de gênero e já não o recebiam, pagaram as consequências.

São muitas as pessoas cujas vidas foram afetadas pela vingança de Marín. A ex-senadora Lucero Saldaña, ex-presidente da Comissão de Equidade e Gênero e da Comissão Bicameral contra o Assassinato de Mulheres, também pagou por sua coerência. Pertencente ao PRI — o partido de Marín — e com uma carreira política de 30 anos, Lucero estava se preparando para eventualmente chegar à prefeitura de Puebla. É uma mulher inteligente, com credibilidade e ética política; no entanto, depois que sua presença em minha prisão evitou o golpe planejado contra mim, sua vida mudou. Por ordens do governador e do presidente do PRI local, Saldaña foi vetada para a assembleia plurinominal que haviam combinado. Mais tarde, nas eleições preparatórias para a prefeitura, as fontes da junta política do PRI asseguraram que as ordens do governador Marín foram precisas: "Os que apoiam a jornalista Cacho não têm lugar em meu estado." Por ser coerente na defesa dos direitos humanos das mulheres, Lucero caiu no ostracismo político.

A dias da exibição dos telefonemas "maravilha", os assessores do governador mandaram fabricar pulseiras e adesivos com o slogan "Eu acredito em Marín". Recebi mais de uma dezena de e-mails de servidores públicos que me informavam que seus chefes lhes advertiram de que, se não colassem o adesivo em seus carros e não usassem a pulseira, perderiam seus empregos imediatamente. A sociedade de Puebla estava se polarizando. Os que estavam neutros decidiram se informar melhor a partir do momento em que se viram submetidos a uma repressão sem saber por quê. A imprensa de Puebla estava numa corrida frenética atrás da verdade, não apenas porque tinha uma história verdadeira em mãos, mas também porque, quando Mario Marín tomara o poder em Puebla, um ano antes de minha prisão, fizera uma forte advertência pública à imprensa local sobre sua convicção de criminalizar a liberdade de expressão. Os jornalistas podiam, então, mostrar o verdadeiro Marín, pois a grande imprensa nacional também entrara em sua festa de liberdade de expressão. Muitos órgãos conseguiram, um ano depois de ele assumir, sair de problemas econômicos graças ao gasto multimilionário de publicidade que fez — e continua fazendo — o governo do estado para retocar a imagem do mandatário e de sua equipe de governo.

A mão de ferro e a vingança chegaram às raias do absurdo. Subalternos do "*gov* maravilha" teceram redes de apoio em chefias médias de todas as secretarias, ao ponto de diretores de escolas e até de universidades se posicionarem contra a liberdade de expressão de seus estudantes. Dois exemplos bastam: o do jovem Macondo Jiménez, estudante modelo então com 15 anos de idade, foi suspenso por três dias da escola secundária Venustiano Carranza porque colou no banheiro e na biblioteca dois adesivos com uma caricatura que mostrava o governador Mario Marín Torres como cúmplice de Kamel Nacif. O jovem foi informado pelo diretor da escola, Fortino Castillo Alvarado, de que violara os regulamentos de pichações da Secretaria de Governo. Originalmente, o diretor tentou expulsá-lo, mas a reação solidária da comunidade evitou tal punição.

Outro caso notável foi o do então reitor da Universidade de Las Américas Puebla (UDLA), Pedro Ángel Palou, escritor pertencente ao autodenominado Grupo *Crack* da literatura mexicana (um fantástico conjunto de cinco escritores que desafiaram toda uma geração de literatos). Palou trabalhou como secretário de cultura do ex-governador Melquiades Morales e mantém uma estreita amizade com Mario Marín. Fui convidada pelos estudantes de jornalismo e editores do jornal estudantil *La Catarina* para dar uma conferência na Semana da Comunicação da UDLA. Disseram aos jovens que "não havia condições para que Lydia Cacho fosse à UDLA". Quando o jornal estudantil *La Catarina* se referiu ao caso do "*gov* maravilha" e publicou duas caricaturas alusivas, o reitor enviou um grupo de seguranças no mais puro estilo policial para levar todo o equipamento de informática, cortou a luz, desativou o site do *La Catarina* e desalojou a equipe que o editava. Durante os meses seguintes, os acadêmicos mais notáveis dessa universidade e da BUAP foram perseguidos e amedrontados por se pronunciarem exigindo a renúncia de Marín.

Paralelamente, numa reunião a portas fechadas no começo de 2006, o governador, juntamente com a procuradora Villeda e seus colaboradores mais próximos, conversou com duas mulheres que me conhecem bem e que durante anos militaram no PRI; há anos ambas promovem minha obra literária em Puebla. O pedido, nas palavras de uma das mulheres, foi específico. Deveriam investigar tudo sobre a vida de Lydia Cacho, tentar conseguir algum ex-amigo ou ex-namorado disposto a contar "o lado obscuro" da jornalista. Nessa reunião, Valentín Meneses, então porta-voz do governo estadual, confirmou que meus telefonemas já estavam sendo grampeados e esperava descobrir "para quem Lydia Cacho trabalha". A ordem foi espalhar um boato sobre minha (falsa) participação na campanha do candidato Andrés Manuel López Obrador. Uma das presentes me contou que Meneses disse: "Sabe-se que López Obrador tem um caso com uma mulher de Puebla. Devemos espalhar o boato de que, na realidade, a amante é a Lydia Cacho. Isso vai afastar os panistas [do Partido Autonomista Nacional] que a apoiam e, no mínimo, diminuir a pressão local sobre nós. Além disso, podemos vinculá-la ao grupo guerrilheiro EPR [Exército Popular Revolucionário]." A declaração pública sobre meus falsos vínculos com os guerrilheiros foi anunciada para a imprensa pelo próprio porta-voz.

Meses mais tarde, diversas testemunhas, em sua maioria mulheres, me deram uma informação vital para eu compreender a raiva de Marín e de seu pessoal. A ex-amante de um dos servidores públicos mais próximos ao governador me mostrou cópias de faxes e de informes de dois "investigadores" enviados a Cancún para seguir meus passos e grampear o telefone da minha casa. Descobri com espanto narrações sobre com quem eu saía para almoçar e jantar. Enfatizavam nomes masculinos, que deviam investigar. (Minha escolta da AFI jamais notou que estávamos sendo investigados.) Os agentes se hospedaram durante quase dois meses num hotel que soava familiar à ex-amante. Lia-se "Villas Solymar" no informe. Meu sangue gelou. Era o hotel de Succar Kuri.

"Mas seriam tão descuidados?", perguntei incrédula à minha fonte de Puebla. "Acho que não", respondeu-me a mulher. "Nacif está ajudando. Para eles, esse deve ser um lugar seguro: não deixam rastros porque pagam apenas pelo que comem."

Uma semana depois, ao analisar com meu terapeuta a volta súbita dos meus pesadelos, ele me recomendou que deixasse de receber informações diretas. "Mande todas as fontes falarem com seu advogado", disse-me ele. "Você não pode viver com essa angústia crescente, vai acabar no hospital." Obedeci. Já tinha problemas de saúde física relacionados à ansiedade. Estava claro que a perseguição e a incerteza permanente nutrem a ansiedade, que, se continuasse como estava, um dia não haveria mais escapatória, senão me dar por vencida e fugir.

Depois da minha última sessão de terapia, voltei para casa um pouco mais calma, decidida a buscar âncoras emocionais que me trouxessem de volta a paz interior. Refugiei-me em meus livros e no mar. Era uma quarta-feira à tarde, numa praia vazia de Puerto Morelos. Recostei numa rocha e escrevi em meu diário:

> Depois que meus olhos viram tanta miséria humana, examino meu coração — como se fosse uma cesta de maçãs vermelhas — em busca da esperança fresca e doce. Eu a conheço. Mesmo que me persigam lá fora, aqui, em minha alma, há paz, paz que se nutre de minha persistência, de minha determinação. A verdade é perdurável, o medo é perecível. Minha fortaleza e meu poder repousam em aceitar a realidade e revelá-la tal como é.

Pouco a pouco recuperei a tranquilidade, lembrei que a esperança não se nutre do rancor pelo passado, mas do sonho por construir um futuro diferente, sem violência para os que vêm depois. Também sou perecível, minha vida é apenas esse punhado de personagens obscuros; minha vida são meus amores, é a música, a literatura, é muito mais que um caso obscuro. Minha vida são minhas causas luminosas, as de milhões de pacifistas. Dormi tranquila, pelo menos naquela noite.

# 5

# O país reage

Enquanto procurávamos novos advogados, colegas repórteres conseguiram arrancar declarações de autoridades federais que ratificavam não apenas a importância do caso Succar, como também que se tratava de um caso de crime organizado, pornografia infantil, turismo sexual e lavagem de dinheiro, como afirmava meu livro. Especialistas em segurança me aconselhavam a não deixar de me expor nos meios de comunicação. Meu melhor seguro de vida seria continuar tendo visibilidade.

Uma tarde, o advogado Christian Zínser, que conheci na Câmara dos Deputados num fórum pela liberdade de expressão, me ofereceu ajuda. Naquele momento, ele era defensor da jornalista Olga Wornat, processada nada menos do que por Martha Sahagún de Fox, a esposa do então ex-presidente Vicente Fox. Eu lhe disse que precisava da recomendação de um bom advogado, de uma banca de criminalistas que não se acovardasse diante de Marín e Nacif. Dias depois, ele me ligou para dizer que um amigo seu, Xavier Olea, havia acompanhado meu caso e estava disposto a me defender.

Xavier, seu filho Xavier Jr. e eu nos reunimos num restaurante do bairro Condesa. Cheguei com Jorge, meu companheiro. Fizemos uma rápida sinopse do caso, e entreguei o livro a Xavier. Com o tom de voz áspero, efeito de milhares de cigarros, Olea nos disse que não tinha problema em enfrentar políticos poderosos como Yunes, Emilio Gamboa ou Mario Marín, muito menos o empresário Kamel Nacif, e me deu uma cifra do que seus serviços custariam. Permanecemos em silêncio por algum momento; ficamos de pensar, depois eu entraria em contato com ele.

No dia seguinte, visitei o diretor da Random House Mondadori e lhe expliquei que tinha um bom advogado — dessa vez, sim —, mas precisava de dinheiro. Os direitos autorais sairiam em um ano, de modo que aceitaram me dar um adiantamento, embora não fosse suficiente. Nem todos os direitos seriam suficientes para cobrir tais gastos.

Compreendi que a estratégia dos advogados de Marín, Nacif e Kuri — totalizavam meia dúzia de bancas trabalhando contra mim — consistia numa guerra de desgaste físico e econômico. Cada um deles interpunha todos os recursos jurídicos possíveis para multiplicar citações, peritagens psicológicas e provas adicionais. Faziam isso de tal forma que, numa mesma semana, eu deveria comparecer a Cancún, à capital e a Puebla. No mesmo dia, Kamel havia falado numa das gravações: "Vou apresentar ações civis até deixar ela louca, até pedir paz."

A banca de Olea estimou que seriam necessários quatro advogados em tempo integral no meu caso para responder a avalanche de exigências. Isso significava pagar quatro advogados do mesmo peso, do Distrito Federal a Cancún, quase toda semana durante os oito ou doze meses estimados para durar o julgamento. Além dos honorários, teria que cobrir sua alimentação e hospedagem. Aluguei um apartamento no centro de Cancún para onde iriam os advogados. Além disso, havia minhas incontáveis viagens ao Distrito Federal. As comissões de crimes contra mulheres e de crimes contra jornalistas exigiam minha presença a cada três dias quase, assim como peritagens psicológicas e médicas, declarações, ratificações e apresentação de testemunhas. O rosário era interminável, assim como os gastos; no entanto, depois de uma reunião com meu irmão mais velho, Jorge, minha irmã e meu pai, combinamos que eu aceitaria o compromisso e eles ajudariam a pagar os gastos da defesa e do caso contra o governador. Liguei para Olea e lhe expliquei minha situação financeira; então, chegamos a um acordo. Eu tinha um novo advogado, que não se venderia nem se deixaria assustar. Naquela noite dormi tranquila.

Xavier Olea Peláez ficou conhecido no México pelo "Caso Braun": o homicídio de Merle Yuridia Mondain, de apenas 7 anos de idade, que sacudiu a opinião pública em outubro de 1986. Alejandro Braun Díaz, conhecido como "El Chacal", agora fugitivo da justiça mexicana, espancou e violentou a menina durante meses, enquanto a mantinha acorrentada em seu apartamento em Acapulco, antes de assassiná-la.

Olea Peláez foi o defensor desse caso, primeiro contratado pelos pais da menina e depois por razões pessoais — sem receber pagamento —, quando os pais desistiram. Ele se tornou o primeiro litigante a acusar criminalmente um ministro da Suprema Corte da Nação. Em 1988, o ministro Ernesto Díaz Infante Aranda pressionou o magistrado Gilberto Arredondo Vera para que desse sentença favorável à alegação apresentada por Alejandro Braun Díaz, "El Chacal", acusado do homicídio da menor. Olea comprovou que o juiz recebeu 500.000 dólares do advogado de Braun Díaz, Enrique Fuentes León, para ajudar o assassino a fugir do país. O juiz ficou oito anos e seis meses preso por corrupção.

O ministro Díaz Infante morreu aos 77 anos, em 2007, e se encontrava em prisão domiciliar, já que as leis mexicanas permitem às pessoas com mais de 70 anos cumprir sua condenação em casa. Foi o caso de corrupção mais notório de um juiz federal na história mexicana... até o momento.

Eu precisava me assegurar de que, se Marín ou Nacif tentassem comprar autoridades, nós poderíamos continuar até o fim, e não perder o julgamento por corrupção, como acontece a milhões de mexicanos devastados todo ano pela justiça criminal.

O sistema de justiça criminal está estruturado a partir da noção de que todas as vítimas mentem; para isso, utiliza uma série vexatória de provas, entre as quais estão longas e cansativas peritagens — quer dizer, provas psicológicas — para averiguar se, de fato, quem denuncia está dizendo a verdade. A primeira peritagem que me fez a comissão da PGR foi elaborada por uma jovem psicóloga sem experiência. Chegou a Cancún sem aviso prévio. Como se eu fosse criminosa, fui levada a um escritório do qual eu só poderia sair após nove da noite, mesmo estando desde as 10h da manhã sem tomar água nem me alimentar. Em tese, a prova psicológica era para conhecer a estabilidade emocional da vítima. Por intermédio de peritos especializados, a autoridade fazia tudo o que estava a seu alcance para infundir medo e desconfiança na vítima. Depois, o perito afirmava que "a vítima não cooperou porque não estabeleceu um vínculo de confiança com o psicólogo" que vasculhou sua mente utilizando métodos ultrapassados. A primeira peritagem não serviu, porque a perita não utilizou os instrumentos exigidos pelo Protocolo de Istambul, que apresenta o uso de tortura. Assim, fui informada de que precisava me submeter a outra. Em cada interrogatório me perguntavam, com mais e mais detalhes, não apenas sobre os fatos, mas também sobre as emoções, para poder avaliar o dano causado. Conforme relatei para o meu terapeuta numa tarde em que não parava de chorar, eu já não era capaz de saber o que me traumatizava mais: se tudo o que fora feito pelos agentes judiciários ou os maus-tratos sistemáticos das autoridades a fim de descobrirem se, de fato, havia crime a ser punido. Enquanto isso, as irrefutáveis provas esperavam pacientemente nos escritórios dos burocratas que tremiam apenas de escutar o nome de Kamel Nacif. Após cada interrogatório, eu descobria algo novo, e meus diários foram meu consolo. Sozinha, já em casa, eu escrevia até acabar dormindo, esgotada emocional e fisicamente.

Foi na tarde de uma sexta-feira, depois de passar oito horas diante de um criminólogo e de uma vitimóloga da PGR, que entendi de onde tirava a força para seguir em frente.

Os especialistas me fizeram reviver cada segundo do sequestro; esse que me levou a atravessar, durante 20 horas, cinco estados da República Mexicana, atormentada por perguntas persistentes: quando iriam me matar?; onde jogariam meu corpo? Compreendi por que sobrevivi com tanta sensatez à investida cruel daqueles policiais, que seguiam ordens de um empresário e do governador, autorizados a me darem uma boa lição, um cascudo para me calar a boca. O criminólogo me perguntou, com insistência, cada detalhe humilhante da tortura: "Por que disse que a torturaram? Como vai provar isso? Por que está chorando? De que tinha medo? Me diga! De quê? Sabe que há torturas mais cruéis que se veem no corpo? De que tinha medo?" Então, eu caí em prantos e gritei: "Tinha medo de que nunca encontrassem meu cadáver, de que minha família pudesse não ter paz com minha morte!" A vitimóloga, por fim, me perguntou como eu fazia para me manter saudável entre as pressões e o medo. Cheguei em casa e passei vinte minutos sob a ducha: as lágrimas se perderam em meio à chuva de água doce. E, por fim, de repente, compreendi como conseguira dormir, pelo menos por algumas horas, nas tantas noites em que os demônios estavam acordados.

Foram os braços amorosos, aquele pequeno espaço morno acima da clavícula, o coração pulsante e o ombro do meu companheiro, esse espaço de pele que me esperava nas noites de tristeza. Ali encontrei paz a cada lua de desassossego. Minha cabeça e meu corpo aconchegado nele achavam tranquilidade para sonhar que, numa daquelas manhãs, eu poderia despertar e descobrir que o pesadelo havia chegado ao fim. Os braços do meu amante se transformaram no barco que me levava a esse porto bom em que quase ninguém acredita na minha pátria... o porto da esperança de quem compartilha uma causa.

Durante esses 270 dias sempre chegaram outros braços, os amorosos fraternos e os solidários feministas; os de uma desconhecida que no meio da rua me lembrava que eu não estava sozinha na batalha; os braços cibernéticos de meus leitores que me enviavam bênçãos; os "palabraços" de jornalistas solidários que não deixaram que minha voz se calasse. Chegaram os abraços de minha sobrinha Paulina, de 13 anos, que me acariciava o rosto com suas mãos de pele nova, intocada pelo medo, e que me dizia com voz de sabedoria inocente que tudo iria acabar bem, que os maus nem sempre ganham.

Em minhas mãos, antes de dormir, tenho as palavras resgatadas de Eduardo Galeano, e me aproprio de sua frase sábia: "A tortura não é um método para arrancar informação, mas uma cerimônia de confirmação do poder." Sorrio como se o uruguaio tivesse me abraçado carinhosamente. Entendo, portanto, que fui vítima da comunhão do poder criminoso com o poder político, e durmo em paz algumas horas, sobrevivendo à incerteza e aos pesadelos da lembrança dos agentes judiciários armados.

Os vitimólogos me perguntaram reiteradamente: "E você pôde dormir?" E eu respondia com a verdade: "Se não tivesse dormido durante esses nove meses, mesmo que apenas um pouco por noite, já teria morrido de loucura." Mas, claro, se a gente dorme, isso significa que talvez a gente minta sobre a tortura. E eu, com os olhos marejados do sal da minha alma, calmamente os lembrava que os braços amorosos que me contêm, as pessoas que amo, com quem compartilho meus sonhos e minha vida, me deram paz para ser uma sobrevivente, e não uma vítima perene. No entanto, o sistema não gosta de sobreviventes: ele nos quer sempre vítimas, submissas, para nos lembrar quem tem o poder. E eu digo que o poder da transformação está no amor e na esperança; mas essa breguice não tem espaço num documento judicial, porque a magia da tortura policial e da violência de Estado é de quem tem poder para silenciar e desgastar, não para averiguar a verdade.

Meu querido poeta Ángel Petisme escreveu: "Não adianta chorar sem aprender." E fazemos isso no México, lançamos luz sobre os escombros, choramos, para depois resgatarmos da vida uma lição que nos dê, pelo menos, um indício de que algum dia nos livraremos da corrupção e de que outras gerações poderão saber como se vive quando a justiça é possível.

## O Congresso intervém

Em 4 de abril de 2006, o juiz norte-americano David K. Duncan havia autorizado a extradição do pedófilo Jean Succar Kuri para o México. E, no dia 18 daquele mês, o Congresso da União solicitava à Suprema Corte de Justiça da Nação (SCJN) que exercesse seu poder requisitando o processo e investigasse as supostas violações aos meus direitos humanos. Um grupo de deputadas de diversos partidos me procurou pedindo ajuda para reunir provas a fim de elaborarem o documento de solicitação para a Suprema Corte. Foi uma semana inteira sem dormir. Guiada por David, um jovem advogado do Congresso, corri para levar as provas à capital do país.

Dias depois, um telefonema me despertou: era David. O advogado me informou que o tribunal máximo aceitara o meu caso. Chorei de emoção. Liguei para Jorge e lhe disse: "A Suprema Corte aceitou o meu caso! Os deputados dizem que talvez haja possibilidade de julgamento político do *gov* maravilha." Festejamos isso como uma pequena vitória parcial, pois estávamos ávidos por novas e boas notícias. A Corte aceitou a petição e determinou a criação de uma primeira comissão de investigação; sua finalidade, me informaram Emma Meza Fonseca e Óscar Vázquez Marín nos escritórios da Suprema Corte dos magistrados, era saber se havia elementos para fazer um julgamento político do governador. Agora eu precisava dividir meu tempo ainda mais, reunir elementos e pedir às minhas testemunhas de Cancún e Puebla que se manifestassem diante da Corte. Tarefa nada fácil.

Na noite de 5 de julho, Jean Succar Kuri foi extraditado para o México. Recebi a ligação de um agente federal que se transformou em minha fonte para o caso: "Já vem vindo num avião da PGR; se quiser, avise a imprensa."

Eu estava na casa do meu companheiro no Distrito Federal. Ligamos a televisão e vimos o homem envelhecido descer pela escada do avião particular. Rodeado de agentes, foi interrogado por meus colegas de profissão. O telefone começou a tocar: a imprensa queria saber o que eu pensava, pois já estava aqui no México o alvo da minha investigação. O que eu achava? Na tela, eu o vi se despedindo amavelmente das agentes federais enquanto se perdia na porta da cadeia de Cancún, uma penitenciária de baixa segurança.

Em meio à batalha, no início de agosto, o procurador de Quintana Roo, Bello Melchor Rodríguez Carrillo, declarou que "durante a administração do governador Hendriks se soube do apoio de seus servidores públicos à fuga de Succar e não se agiu em consequência". As ligações mostradas por Carmen Aristegui, *La Jornada*, *El Universal* e *Reforma* apresentaram uma conversa entre Nacif e o governador Hendriks em que o então mandatário de Quintana Roo lhe pedia o favor de ajudar o cineasta Alfonso Arau a fazer filmes em Tulum. De fato, Arau filmou *Zapata* na Riviera Maya graças aos bons ofícios e ao investimento de um sócio e amigo de Nacif, também libanês.

Num sábado, ao meio-dia, finalmente em casa, eu estava em frente à minha sacada escrevendo em meu diário quando recebi um telefonema do jornalista Carlos Loret de Mola. Ele me contou que acabara de entrevistar Succar na cadeia e que a matéria iria ao ar na segunda-feira. Eu não deveria perdê-la, era o conselho do meu amigo. Diante das câmeras, numa má imitação de Joaquín Pardavé no papel do "camponês Jalil",* Jean Succar Kuri, "El Johnny", confirmou que Miguel Ángel Yunes Linares, então secretário de Segurança Pública Federal, era seu amigo e que o conhecia havia quinze anos; também admitiu que Kamel Nacif gastara trezentos mil dólares em sua defesa judicial. A pinça da história ia se fechando, mas o juiz de Cancún continuava não admitindo que meu caso e o caso Succar estavam vinculados.

A partir daquele momento, uma série de acontecimentos arrebatou a pouca tranquilidade que eu havia recobrado. No início de agosto, quatro sujeitos roubaram da Comissão Nacional dos Direitos Humanos o dossiê do meu caso, que a organização havia aberto alguns meses antes. Era o dossiê mais completo e extenso; se caísse nas mãos de Marín, ele saberia os nomes das minhas testemunhas-chave. A organização apresentou uma denúncia criminal à Procuradoria Geral de Justiça do Distrito Federal para que investigasse o roubo. Um advogado da Comissão pediu que nos encontrássemos secretamente em um café. Explicou que os ladrões haviam entrado no escritório de Guillermo Ibarra e haviam levado apenas seu laptop e fugido num táxi,

---

* *El Baisano Jalil*, filme de 1942, comédia de costumes, estrelado e dirigido por Joaquín Pardavé. (N. T.)

mas as câmeras tinham gravado tudo. Também me explicou que a polícia achara o computador sem o disco rígido, num lixão de Puebla, graças às indicações do taxista que levara os ladrões à cidade.

Em atitude estranha, José Luis Soberanes, presidente da CNDH, admitiu para a imprensa o roubo do computador, mas semanas depois a notícia foi diluída: ele afirmou que o roubo não tinha nada a ver com o meu caso. O proprietário do computador me garantiu que todo o meu caso estava na máquina roubada. Cada vez que se dizia algo sobre o assunto, as próprias autoridades se contradiziam e nos faziam dar dois passos atrás do que pensávamos ter avançado.

Um exemplo disso se deu na quinta-feira, 2 de março, na entrevista com Gustavo Castillo do jornal *La Jornada*: Alicia Elena Pérez Duarte, a fiscal especial para crimes contra mulheres, declarou que a rede de Succar Kuri era internacional. Com um trecho da entrevista, que transcrevo a seguir, é possível vislumbrar a fragilidade do sistema de justiça. Eu, ameaçada de morte, denunciada e, como uma criminosa, acompanhada dia e noite por agentes federais. E aqueles de quem a autoridade sabia tudo, impunes, livres e sorridentes, comprando autoridades e publicidade para se defender; evidenciando seus vínculos com os políticos poderosos.

Ligações internacionais no caso Succar Kuri
*La Jornada*, quinta-feira, 2 de março de 2006
Gustavo Castillo García

Jean Succar Kuri é, nada mais, nada menos, o cabeça de uma das redes de pedofilia, turismo sexual e tráfico de mulheres que opera na Baixa Califórnia – estado do México –, no Distrito Federal, em Puebla, em Chiapas, em Veracruz e em Quintana Roo. "Não são redes mexicanas para consumo mexicano", foram detectadas "muitas conexões internacionais", afirma a fiscal especial. A funcionária da Procuradoria Geral da República revelou que a jornalista Lydia Cacho "nunca se deu conta de como era vasta essa rede", e que, com a prisão de Succar Kuri, "não se pode cantar vitória" e dizer que a rede foi desmontada, pois não se descarta a possibilidade de algumas mulheres terem sido levadas a lugares como Taiwan ou Cingapura e se tornado prostitutas, com o pretexto de virarem modelos. Pérez Duarte confirmou que, no caso Succar, existem indícios que envolvem o secretário executivo do Sistema Nacional de Segurança Pública, Miguel Ángel Yunes Linares.

— Existe uma grande rede de pedofilia no México?
— Ou uma série de redes. Uma grande rede já foi descoberta. Começa em Cancún, ou melhor, em Tapachula. De lá, levam as meninas para Cancún, onde as exploram. Mas em Cancún chegam meninas de todas as partes do mundo, e, aparentemente, há outras conexões.
— Tijuana, Veracruz, Juárez?
— Exatamente. Há outra no centro da Cidade do México. Estamos falando da parte central da República.
— Estão interagindo?
— Muito provavelmente, e não apenas em escala nacional, mas em internacional também.

"Seria necessário convocar todas aquelas pessoas que consideram 'normal' receber atenção de modelos de alto nível nos centros turísticos de nosso país, porque não é mais que prostituição. E, quando a coisa envolve meninas, é pedofilia, claro."

— Tem algo a ver com Succar Kuri e a denúncia de Lydia Cacho?
— Naturalmente, essa é uma das grandes redes que está perfeitamente documentada na PGR. No caso Succar Kuri, especificamente, se viu que há muitas conexões internacionais. Mais do que se havia pensado.
— Tijuana, Veracruz, Cidade Juárez e Cancún fazem parte dessa rede em que Succar Kuri está envolvido?

— Correto. Ou redes de redes, porque, mesmo tendo vínculos, não podemos dizer com certeza que são a mesma rede com um só cabeça. Dizer isso significaria que já o agarramos, que já desmantelamos tudo. Eu não cantaria vitória.

— Está falando da interação entre o poder econômico e o poder político?

— É exatamente a isso que me refiro. Empresários muito "honrados" consideram "normal" que lhes ofereçam esses serviços (sexuais) nos hotéis e os utilizam.

— Você possui informação que liga Cancún a Cidade Juárez.

— Numa coisa e na outra há semelhanças importantes. Estou recebendo informações importantes do Estado do México.

— É verdade que, em determinado momento, as menores são assassinadas ou somem e as famílias já não sabem mais delas, depois que foram enganadas com a falsa promessa de se tornarem modelos?

— Exatamente, esses são os mecanismos.

— Isso que está dizendo inclui a possibilidade de terem saído do México "certas" de se tornarem modelos enviadas a Taiwan ou Cingapura?

— Não sei por que você está me perguntando isso, já que tem mais dados que eu.

— Porque sei que são dados que você tem, e que é importante especificá-los.

— Isso é parte do trabalho. É parte do que a Subprocuradoria de Investigação Especializada em Delinquência Organizada (SIEDO) está investigando, porque não são redes mexicanas para consumo mexicano. Isso deve ficar claro.

— Succar é o cabeça da grande rede?

— Temos um cabeça visível, digamos que temos um dos chefinhos, mas não estou convencida ainda de que seja o cabeça.

— Por isso é tão importante o caso Lydia Cacho?

— Sim. Ainda mais para mim. Lydia Cacho não é um caso. Para mim, o caso é Succar Kuri. Ela é perseguida porque há quem queira tapar de novo a cloaca, e Lydia não permitiu.

— Você investiga operadores financeiros na zona central do país que trabalham para Succar? Estaria falando de operadores e intermediários na Cidade Juárez com conexões na região de Cancún?

— É assim que está se vendo. E essa é a parte que não cabe a mim fazer. Está nas mãos da SIEDO.

— Você tem informações dessa rede de cumplicidade, não é?

— Não nos casos de Cidade Juárez, mas dos outros sim. Claro que estamos recebendo informações.

— Nessa rede de pedófilos, começaram a aparecer nomes como os de Miguel Ángel Yunes, Kamel Nacif e o próprio governador de Puebla, Mario Marín. Sua comissão vai investigá-los?

— A Suprema Corte está se inteirando desse assunto. É verdade que o que se está vendo é o governador de Puebla e sua relação com Nacif, e como atingiram Lydia Cacho, mas claro que a investigação que faço vai abranger mais do que isso. Nós, o restante das autoridades, devemos levar nossos caderninhos, anotando, vendo, fazendo, mas temos que esperar, necessariamente, que a Corte dê seus resultados.

— Miguel Ángel Yunes é citado em alguns recursos como um dos que pediram a extradição de Succar Kuri?

— Algumas vítimas o mencionam como uma das pessoas que visitava Succar Kuri. É assim que o citam.

A entrevista provocou uma avalanche de entrevistas. "Agora prendem Kamel e levam Marín a julgamento político!", diziam meus colegas. Mas eu tinha outras preocupações. Ligações anônimas de números desconhecidos para meu celular e os boatos de que Succar planejava fugir já eram evidentes demais na penitenciária de Cancún. Pedro Flota, o secretário de Segurança Pública do Estado, havia avisado à PGR que a penitenciária de Cancún não era adequada para manter presos de alta periculosidade. Em sigilo total, em 17 de agosto, as autoridades transferiram Succar Kuri para Cereso de Chetumal. Uma semana depois, após ter examinado o preso, Sergio López Camejo, titular das prisões de Quintana Roo, solicitou à PFP que levasse Succar para a penitenciária do Altiplano em Toluca, pois considerava o réu de alta periculosidade. Segundo o documento, após uma investigação realizada pela Secretaria de Segurança Pública estadual, foi revelado que Succar Kuri havia se envolvido com uma perigosa quadrilha que praticava extorsão e operava das prisões de Chetumal e Cancún. A imprensa revelou que, por esses dias, Emma, a vítima de Succar, o visitava na cadeia, acompanhada dos advogados dele. A incerteza aumentou, e a tristeza também.

Primeira ligação: um atentado

Eu andava recebendo ligações de um número não identificado em meu celular: respiravam de forma ofegante e depois desligavam. Então, as ligações começaram a ser para minha casa, a tal ponto que eu tinha que deixar o fone fora do gancho à noite ao chegar. Quase ao fim de outubro de 2006, recebi uma ligação de Chetumal: um agente especial da penitenciária da cidade pedia meu número de fax; segundo disse, era meu admirador e havia lido o livro, respeitava minha valentia e precisava me avisar algo que punha minha vida em perigo. Dei a ele o número de meu escritório, e ele me enviou um documento que explicava que os réus Armando Bocanegra Priego e Juan Ramón González tinham confessado terem sido contratados por "El Johnny" Succar, na penitenciária de Chetumal, para acabar com a vida de algumas testemunhas, entre elas a minha. Succar lhes entregou uma planta de meu domicílio em Cancún, feita num guardanapo, com caneta azul. Na mesma manhã, ao comprar os jornais, vi que um repórter do periódico local *Que Quintana Roo se Entere* publicara esse documento. Minha escolta me pediu que fosse para Cancún por alguns dias até se avaliar o risco; no entanto, neguei, porque estava farta de ter minha vida sequestrada por aqueles sujeitos.

Em 16 de novembro de 2006, Succar Kuri foi transferido para a penitenciária de alta segurança do Altiplano em Toluca. Dias depois, ocorreu a maior fuga da história de Quintana Roo. Quase cem condenados fugiram da prisão municipal de Cancún: três deles acabaram mortos na confusão. Ouvi a voz de David Romero, âncora do noticiário mais ouvido do rádio: "Autoridades confirmam a informação de que Succar esteve envolvido no planejamento dessa fuga, na qual achava que poderia escapar." Um silêncio sepulcral invadiu o carro em que eu viajava com minha escolta. Ninguém se atreveu a dizer nada: a sorte novamente estava do meu lado e do das vítimas.

Dias depois, mais três menores denunciaram crimes de Succar Kuri à PGR na Subprocuradoria de Crime Organizado. Entendemos que pertenciam a outro grupo de meninas que não conheciam Emma, a denunciante original. Mais duas testemunhas (do sexo feminino) compareceram para fazer declarações sobre o tráfico de menores para os Estados Unidos e deram novos nomes de empresários envolvidos. Enquanto a imprensa acompanhava a história, na Câmara de Deputados se debatiam leis para punir mais severamente os pedófilos e refrear a pornografia infantil. Assim, foram apresentadas duas iniciativas para descriminalizar o trabalho jornalístico, e uma nova lei a respeito foi aprovada.

Em meio a essa vertigem, o esgotamento tomou conta de mim, assim como a tristeza. Meu terapeuta disse que eu precisava parar; meu corpo reclamava pelas enormes quantidades de adrenalina que eu produzia para suportar o ritmo de vida. No entanto, eu não podia parar. Minha liberdade e a vida das meninas continuavam em jogo. Eu sentia que, no momento em que deixasse de responder a cada golpe, que cessasse de denunciar nos meios de comunicação a arbitrariedade do dia ou deixasse de agir contra cada irregularidade, os "demônios" saberiam que o momento de me atacar havia chegado.

No ir e vir pelo país, cada volta para casa se tornava um oásis momentâneo. Ver minhas amigas, jantar com elas e rir um pouco era o retorno a outra parte da minha humanidade. No entanto, algo começou a acontecer — uma tristeza profunda me invadiu. Combinei de ir a um restaurante com um grupo de meus melhores amigos, um punhado de empresários e jornalistas poderosos que, por trás de suas máscaras de poder, são seres humanos queridos. Cheguei tarde, pois ia do aeroporto, depois de receber um prêmio. Desde minha chegada, as alusões à grande fama que eu havia adquirido não pararam até que fiz algumas brincadeiras para cortar o assunto. "A fama é um fardo. A minha não é fama, é notoriedade por continuar viva, por não negociar minha dignidade. Quem tem fama é artista." No entanto, um de meus amigos insistiu: "Diga aí, Cacho", começou fumando um havana, "a verdade é que você fez fama e fortuna, sai até na CNN e recebeu um monte de prêmios!" Minhas lágrimas se acumularam. O que está acontecendo, porra?!, pensei. Não podia falar, não queria chorar, não ali, não com meus amigos, que deviam me proteger e saber quem sou depois de tantos anos. Respondi me defendendo, explicando como se sente o medo de ser assassinada, esse que se levanta todo dia ao meu lado como uma sombra inevitável. Fortuna? Nunca vivi para fazer dinheiro, é uma escolha pessoal. Vivo modestamente, de escrever meus artigos, de conferências que dou há anos aqui e ali. O que ganhei foi tudo no processo, os donativos e prêmios vão para o CIAM, para pagar os salários. Não aguentei, me levantei da mesa e fui para casa. Antes de sair, olhei para meu amigo e perguntei: "Você compreende que isso não é uma telenovela? É uma batalha interminável contra o crime organizado protegido pelo Estado mexicano. Quando o assunto sair de moda, eles não me esquecerão." Meus amigos insistiram para que eu ficasse, mas, invadida pela tristeza, preferi a solidão da minha casa, o silêncio. Escrevi em meu diário:

> Essa capacidade mexicana excepcional de banalizar assuntos graves como esse, o da corrupção, é o que fortalece a desumanização, a falta de compaixão e a mediocridade em que o México está mergulhado. Tudo eventualmente se transforma em brincadeira, em piada, se normaliza, se desqualifica, se dissolve na falta de desejo por nos transformar; meu país me dá pena. Choro por mim e pelo cinismo dos que têm poder para mudá-lo, mas escolhem perpetuar o status quo.

As canções do "*gov* maravilha" eram dançadas nas discotecas da moda, havia jogos na internet e os terríveis telefonemas originais entre Nacif e Marín eram vendidos como toque de celular. Eu os escutava nos restaurantes, e um calafrio me invadia. As pessoas me perguntavam: "Você não tem senso de humor?" As paródias deslocavam paulatinamente o assunto de fundo: o tráfico de meninas e mulheres, o crime organizado unido ao poder político. Algumas pessoas começaram a me confundir com uma estrela de telenovelas.

Meus advogados me informaram que eu deveria ir à capital; haveria uma sessão da Suprema Corte, e deveríamos estar presentes. Eu me preparei para as más notícias — tinha pouca energia para mais que isso. Estava saturada da banalização do caso. Uma manhã, no começo daquele mês de setembro, sentados na primeira fila do plenário da Corte, escutamos o ministro Ortiz Mayagoitia explicar que não se encontravam elementos suficientes para que meu caso fosse levado em conta pelo tribunal máximo. A discussão começou e, para meu espanto e o de meus advogados, por sete votos a favor e três contra, a Suprema Corte decidiu ampliar a investigação sobre o "caso Cacho-Marín", a fim de que se examinasse o telefonema para o "*gov* maravilha". Para isso foi criada uma segunda comissão especial presidida pelo ministro Juan Silva Meza. "Muito bem", afirmou Olea, "você terá que testemunhar novamente diante de Kamel. Deve se preparar, é a última oportunidade que terá. Vão fazer centenas de perguntas, a acareação vai durar entre cinco e seis horas. A ideia é desgastar, acabar com você. Não é hora para chorar", disse, como se eu já não soubesse. Saí mal-humorada do escritório dos meus advogados.

## Kamel e Succar de corpo inteiro

Lembrei meu primeiro encontro com o "Rei do Brim". Em 23 de maio pela manhã, desligara o telefone depois de uma longa conversa com meu advogado (ainda era Cuén, o anterior aos Olea). Eu teria que estar preparada: estava confirmado que Kamel Nacif iria ao tribunal me enfrentar diante do juiz no dia seguinte. Eu veria cara a cara o homem que havia me transformado em refém do sistema de justiça. Deixara o telefone em meu escritório, caminhara em meu pequeno apartamento, me sentara na sala e acendera uma vela branca. Como me sinto?, perguntei-me, buscando na minha respiração uma resposta honesta. Emoções ambíguas se revelaram: teria ao meu lado o dono daquela voz áspera e de uma linguagem vulgar e nociva. Diante de mim, estaria o homem que havia dito, rindo, enquanto eu era transportada pelos agentes judiciários de Cancún para Puebla, que "a vingança é um prato que se come frio". Não apenas ele estaria presente, mas também Hannah "Juanito" Nakad, que armara meu estupro e a surra que eu levara na cadeia. Uma parte de mim desejava nunca mais tê-los por perto, mas outra experimentava a emoção sólida e certeira de que a única maneira de exorcizar o medo de meus carrascos seria enfrentando-os, me defendendo com a verdade. "Estou pronta", disse a mim mesma. "Será a oportunidade para que uma mulher os enfrente sem medo, para recordá-los de que não são donos do mundo." Lembrara-me uma entrevista que fizera com algumas indígenas de Acteal, depois do massacre em Chiapa. Elas enfrentavam os militares assassinos, e eu lhes perguntara se não tinham medo. "Não temos nada a perder, fora a vida", respondera uma delas com plena autenticidade. Naquele tempo, a resposta me parecera brutal, mas agora concordava com ela. Alguns dias antes, colegas jornalistas de vários estados e correspondentes internacionais haviam ligado para pedir minha opinião e me informar que estariam presentes. Não houve ninguém que não me perguntasse se eu tinha medo. Fui honesta: disse que minha ansiedade por me manter viva e fora da cadeia era mais forte.

Ao escrever estas linhas, eu me lembro de cada acontecimento como se tivesse sido ontem. Dias antes, Paty, uma das meninas sobreviventes de Succar e seus cúmplices, me disse que, se ela tivesse a oportunidade de enfrentar o protetor de seu estuprador, diria a ele que não queremos mais corrupção. No CIAM e com essa ideia em mente, de imediato mandamos fabricar camisas com o slogan "Chega de pedófilos, chega de corrupção, chega de impunidade". Na manhã do dia 24, depois de meditar e tomar banho, vesti a camiseta; ao me ver no espelho, antes de sair, me senti blindada com uma exigência de milhares de pessoas. Tive a sensação de que as 40.000 pessoas que haviam marchado em Puebla estavam comigo na frase, como todas as pessoas que acompanhavam o caso diariamente. Senti que estava preparada e entrei na caminhonete blindada. Chegamos ao tribunal, dentro da penitenciária de Cancún, às 10h05 da manhã. A imprensa esperava. Entrei ao lado de meu advogado. Em volta da mesa, os jornalistas se agruparam. O juiz saiu de seu pequeno escritório e lhes disse umas duas vezes que, se não se comportassem, os mandaria sair. "É uma audiência pública", disse a voz desafiadora de um jornalista, e algumas gotas de suor percorreram o rosto do juiz, que estava a menos de dois metros de mim.

O olhar de Nacif era o de um ser raivoso a ponto de perder as estribeiras. Eu o olhava com calma e girava o tronco para que pudesse ler minha camisa; seus olhos se fixaram nela, e uma onda carmesim ferveu em seu rosto. Em sua declaração, disse que eu mentia em tudo e ratificou sua denúncia. Eu havia apresentado as provas do caso Succar e as declarações das meninas diante das autoridades federais; no entanto, o juiz, sem me olhar nos olhos, negou que meu caso e o caso Succar estivessem vinculados. Como eu poderia me defender por ter escrito uma investigação jornalística sobre uma rede de exploração infantil se me via impedida pelo juiz de me justificar com a ratificação do conteúdo do livro? "Assim é a lei mexicana", disse meu advogado. "Então", argumentei, "um narcotraficante que foi extraditado poderia denunciar por difamação um jornalista que cobrisse seu caso enquanto está na prisão esperando a sentença." "Sim", disse meu advogado, "mas será necessário que o juiz admita o caso e assine uma ordem de prisão, como no seu."

Nacif e seus advogados sorriram satisfeitos. O "Rei do Brim" insistiu em que dizia a verdade. Na minha vez, pude lhe perguntar, com calma e olhando-o nos olhos, que me fugiam sempre que minhas pupilas buscavam as suas, por que pagava a defesa do pedófilo Succar Kuri. E, embora o juiz tenha negado a pergunta, os advogados do empresário não puderam contê-lo quando, jogando o corpo na minha direção, como um valentão a ponto de me bater, disse num murmúrio: "Puta velha." O juiz tremeu, mas não repreendeu Nacif.

Mais tarde, foi a vez de Hanna "Juanito" Nakad. Ele declarou que seu amigo Kamel Nacif era um homem honrado, incapaz de fazer aquelas "porcarias" de que eu o acusava no livro. Por fim, olhando-o nos olhos, perguntei se considerava honrado ter dado ordens dentro da penitenciária para que eu fosse surrada e estuprada pelas detentas. Para surpresa dos presentes, o homem, cuja pele branca se tingiu de um vermelhão ardente, respondeu em tom despótico: "O estupro nunca aconteceu." Seus advogados fizeram gestos horrorizados, mas seu testemunho já havia sido recolhido pela escrivã. Eu me senti como uma jogadora que, diante de uma goleira aturdida, consegue marcar um gol de pênalti, enfiando a bola no fundo da rede num chute limpo, saboroso. Transcorreram cinco horas até o fim da sessão. Nacif já havia maltratado os repórteres que haviam tentado entrevistá-lo antes, quando chegara à penitenciária. A saída foi muito parecida. Membros de organizações civis de Cancún, a atriz feminista Jesusa Rodríguez, Julio Glockner e outros representantes da frente cívica de Puebla me acompanharam naquela manhã. Um fiscal nos havia dito que o juiz recebera ameaças veladas dos advogados e do próprio Nacif; a informação parecia condizer com a negativa do juiz em admitir que minha prisão era um ardil de Nacif para defender Succar Kuri. Se não aceitava as provas que as vítimas do pedófilo me haviam dado, nas quais Nacif e outros sócios de Succar eram citados, como eu poderia me defender? Como se isso fosse pouco, a estratégia da defesa consistia em demonstrar que eu, por não ter diploma, não poderia ser considerada jornalista e, portanto, não conseguiria me ater aos princípios de liberdade de expressão e interesse público.

Mais tarde, eu pensaria que meu advogado estava "deixando o caso afundar" de propósito. A corrupção e as ameaças estavam em toda parte. O nervosismo de não saber se seu defensor cederá à corrupção é inexplicável. Umas duas noites depois de saber que o juiz não admitiria mais provas porque não haviam sido entregues a tempo, sonhei nitidamente com meu advogado sentado com gente de Nacif e Mario Marín, entregando meus documentos. Mais do que com raiva, eu me sentia profundamente triste e esgotada emocionalmente.

Em fins de setembro daquele ano, tive a segunda e última acareação com Kamel Nacif. Daquela vez, já sob a defesa dos Olea. O empresário se fez acompanhar dos advogados Farrell, uma banca de peso no México. Ao entrar, enquanto o agente do Ministério Público se preparava e os colegas se acomodavam, eu me dirigi rapidamente até Nacif, que estava encostado numa parede. Muito perto e de frente, eu lhe disse em voz baixa: "Kamel, cada vez que você me olhar nos olhos, as meninas estupradas estarão olhando para você." Então, saí de perto imediatamente, e seu olhar desorbitado se fixou em mim com um ódio fielmente captado pelas câmeras de vídeo e de fotografia.

Perto do fim da audiência, quando já estava demonstrado que ele não poderia provar as "perdas milionárias" em suas tecelagens, causadas, segundo ele, por meus escritos, ele se enraiveceu. Seus advogados, mascando chiclete num frenesi angustiante, não conseguiam calar sua ira. Em determinado momento, o juiz me disse em voz baixa: "Afaste-se, não vão agredi-la." Meus advogados e eu não conseguíamos acreditar; em vez de chamar a atenção do furioso Nacif, a responsabilidade de evitar a violência era minha, como se ele não fosse a autoridade ali. Quando, enfim, Nacif se viu sem argumentos, começou a gritar para mim: "Prove nos tribunais, senhora, não na imprensa. A senhora mais parece a Virgem de Guadalupe." Com sua linguagem pobre, ele queria dizer, gaguejando, que tinha sido transformado num monstro, e eu numa santa.

Ao terminar a acareação, eu me encontrei no escritório com algumas das sobreviventes da rede de pedófilos. Elas haviam acompanhado durante meses a batalha por meio da imprensa. Dávamos ânimo e força umas às outras. Durante anos, elas consideraram os estupradores seres onipotentes; agora eram simplesmente humanos, enfrentados por uma mulher como elas. "De fato, todas somos Lydia Cacho", disse a mãe de uma das sobreviventes de Succar com um sorriso desdentado. Eu só pude responder: "E Lydia Cacho é todas as mulheres. Estamos juntas nisso."

Eu passava os dias como malabarista de circo. Por um lado, meu caso: defender-me de Kamel Nacif e enfrentá-lo em acareações que duravam de seis a nove horas, cheias de tensão e agressividade. Juntar provas e estar vigilante a atos de corrupção das autoridades. Por outro, acumular material, entrevistar pessoas, procurar testemunhas para o caso que eu interpusera na Federação contra o "*gov* maravilha" e Kamel Nacif. Por último, o caso Succar, também chamado de o caso "do pedófilo de Cancún". Mais meninas e suas mães haviam pedido ajuda ao CIAM de Cancún. Mesmo quando minhas colegas faziam um trabalho extraordinário, sobrava para mim lidar com certos trâmites complexos e lhes dar estrutura, já que ninguém melhor que eu conhecia a periculosidade do caso e de suas complexidades. Após conhecer uma das garotas que sofrera abuso desde os 12 anos por Succar Kuri, Xavier Olea também aceitou defender as meninas. Já fazia tempo que a advogada

Acacio havia se afastado por ter sofrido ameaças de morte e de "sumiço". Ela também tinha outros casos para defender.

Nesse cenário, eu devia me dar tempo para trabalhar, pagar minhas contas de luz e telefone, conseguir recursos para manter o Centro de Atenção a Vítimas e cuidar da minha saúde física e emocional. Uma tarde, o advogado me avisou que eu deveria me apresentar como testemunha no caso Succar. Fui notificada três vezes, depois de me preparar para enfrentar o sócio e aliado de Kamel Nacif. Mas, em todas as ocasiões, o juiz determinou, a pedido dos advogados do pedófilo, que meu comparecimento fosse adiado. Por fim, em 3 de maio de 2007, chegou o dia.

Eu conhecia Succar Kuri apenas por fotografia e vídeos. Como milhões de pessoas, assistira ao vídeo em que ele narra, com crueldade digna de um sádico, como gozava quando via que uma menininha de 5 anos sangrava quando a penetrava. Cheguei às 9h30, acompanhada dos advogados das menores, e ali, na entrada da penitenciária de segurança máxima, El Altiplano, mais conhecida como Almoloya, demoramos uns quinze minutos sofrendo revistas. Os celulares ficam sem sinal num raio de dois quilômetros da penitenciária. A sensação inicial é estranha. Ali estão encarcerados os criminosos mais perigosos do país. É proibido entrar com alimentos ou líquidos; portanto, você chega e vai embora apenas com o que está vestindo. Não imaginei que passaria doze horas sem comer ou beber água.

As salas de audiência são pequenas. Ao entrar, meus olhos toparam com um vidro transparente reforçado com barras de uns cinco centímetros de diâmetro. Entre eles, percebi o rosto enxuto, pálido, do homem que tem mais semelhança ainda com seu amigo e protetor Kamel Nacif. Eu usava minha camiseta com o slogan "Chega de pedófilos, chega de corrupção, chega de impunidade." Fui em direção a Succar Kuri, e seu rosto se deformou; ele olhou minha camiseta com atenção e imediatamente chamou seus advogados. Não demorou muito para Wenceslao Cisneros, o defensor do pedófilo (que meses depois renunciaria após assistir a um vídeo pornográfico de Succar), pedir ao juiz que me ordenasse cobrir a camiseta porque "ofendia o réu". A queixa ficou registrada em ata. A audiência foi esgotante; basta dizer que saímos de lá às onze da noite. O fundamental foi ter tido a oportunidade de entender como funcionam a corrupção e a rede que protege o pedófilo.

Ficou claro que seus advogados não tinham uma estratégia. A verdade é que Succar Kuri é indefensável com a quantidade de vídeos e fotografias pornográficos encontrada em suas casas. Além disso, há o testemunho dessas crianças valentes, como Margarida e Cindy, que, ainda quase crianças e diante de Succar, explicaram ao tribunal como ele as estuprava e as filmava. Também existe o trabalho de um punhado de agentes policiais honestos e profissionais que conseguiram obter provas e testemunhos suficientes para que Succar fosse preso. Mas depois de três anos da denúncia... ele continua à espera de sentença.

Durante a acareação, Succar Kuri se dedicou a me olhar com um furor extraordinário; às vezes, franzia o rosto de tal maneira que seus lábios esbranquiçados desapareciam. Estávamos a dois metros de distância: frente a frente, o homem por quem Kamel Nacif me encarcerara e torturara, por quem Mario Marín vendera a justiça, e eu. Em outros momentos, como quando seu advogado insistiu em que eu não era jornalista porque não tenho uma carteira profissional, Succar levantou os braços e bateu nas barras coladas ao vidro para depois bater no peito, como faria um gorila demarcando seu território. Fiquei de pé diante dele. É um homem pequeno, chega à altura do meu queixo, assim como Kamel. O juiz o mandou se comportar quando gesticulou de forma escandalosa. A todo momento, Succar mencionava meu livro; ele não podia tocá-lo através das grades, de modo que seus advogados o mostraram, e ele apontava alguma coisa e me fazia perguntas. De repente, minha presença, que havia sido na qualidade de testemunha, mudou e pareceu se tornar meu julgamento. Como me lembrou as frases e os argumentos que, durante um ano, Kamel Nacif, "o Rei do Brim e do Conhaque", esgrimiu contra mim! Houve um momento tão duro que perguntei ao juiz se eu estava ali como testemunha por ter conhecido as meninas estupradas ou se, pelo contrário, eu era ré por ter publicado *Los demonios del Edén*. Durante quase quatro horas, os advogados de Succar insistiram em me atacar ferozmente, diante da impossibilidade de defender seu cliente.

No entanto, contei as histórias das meninas amedrontadas, de como os advogados do pedófilo ofereceram a algumas mães 200 mil pesos e a outras 500 mil em troca de seu silêncio, acompanhados de ameaças, é claro. Succar insistia em que Emma, uma das muitas vítimas, me processara para exigir uma porcentagem dos direitos autorais de meu livro "por ter contado sua história". O grande conhecimento que o pedófilo tinha do processo nos confirmou a suspeita de que era ele, junto com Nacif, quem estaria pagando os advogados para me processar. Lembrei o telefonema em que Kamel afirmava que, depois da prisão, abriria um processo civil contra mim "até que ela peça paz, até deixá-la louca", segundo suas próprias palavras. O pedófilo e seu advogado tentaram evitar o tema do julgamento: as meninas e os meninos violentados por esse homem e utilizados para produzir pornografia infantil. Eu insisti tanto quanto pude. No fim, depois de mais de onze horas e meia, em sua raiva e com o rosto deformado e o olhar desorbitado, que me lembrou o personagem Hannibal Lecter, Succar me garantiu que ia acabar comigo.

Ouvimos claramente ele dizer a seus advogados que me processaria por ter publicado *Los demonios del Edén*. A essa altura, o juiz já havia ido embora; esperávamos a impressão dos documentos para assinar. Succar continuava afirmando que estava preso por minha culpa. Em sua lógica lhe parecia que, se já havia conseguido comprar com ameaças e dinheiro a vontade de algumas de suas vítimas, agora eu era o estorvo. De minha parte, só pude lhe dizer em voz alta: "Você não está preso por causa do meu livro, mas por seus próprios atos anormais. Meu livro existe graças à valentia das meninas cujas almas você arrebentou para toda a vida; meu livro só conta a verdade de por que você esteve a ponto de sair livre ajudado por seus amigos poderosos."

Finalmente, saímos do complexo principal da penitenciária dispostos a caminhar o longo trecho até o estacionamento. Nos belos jardins que levam à grade principal uma caminhonete da segurança se aproximou de nós. O policial que a dirigia perguntou: "Você é a repórter?" Respondi que sim com mais orgulho do que nunca. Alguns metros atrás de mim estava o homem que, como um demônio amoral, possuiu a alma e o corpo de sabe-se lá quantas meninas e meninos. Ao ar livre, eu respirava, feliz por poder trabalhar para recuperar um pedacinho da dignidade do México. O policial que dirigia o carro se ofereceu para nos levar ao estacionamento e disse com grande naturalidade: "Aqueles ali são os advogados do diabo. Eles que caminhem."

Já na caminhonete, durante as quase duas horas de regresso à Cidade do México, ao lado da minha escolta, com o rosto na janela, chorei sem poder deter as lágrimas. Ninguém mais do que as crianças sob o jugo de Succar sabe o que significa se submeter à tortura psicológica daquele homem. As pequenas e sua valentia me comoveram. "Se elas não se rendem, ninguém tem direito a se render", pensei.

Meses mais tarde, esse advogado, que, furioso, me chamava de louca nos meios de comunicação, daria uma entrevista ao vivo a Carmen Aristegui. Durante o programa, o advogado explicou que havia renunciado à defesa de Succar Kuri porque vira um vídeo que constava entre as provas, no qual o pedófilo, nu da cintura para baixo, montava uma câmera e dava ordens a duas meninas para que se acomodassem nuas na cama. O vídeo continha cenas explícitas de estupro.

Em meio a julgamentos e uma tentativa de retomar minha vida cotidiana, indo jantar com meus amigos, falando de assuntos que não fossem o drama que estávamos vivendo, eu — como quem cruza um oceano e, já esgotada, tira a cabeça para fora da água para respirar — tentava buscar espaços de alegria, de riso, longe das pessoas que me perguntavam ansiosas se eu podia ajudá-las a resolver um caso, como se eu fosse a procuradora da justiça do país. Por todos os lados, eu encontrava pessoas que me pediam que lhes contasse sobre o caso. Viajava para receber prêmios que, por um lado, me protegiam e, por outro, me exigiam que, mais uma vez, narrasse em público a história miserável da corrupção e da impunidade mexicanas. "Quem é Lydia Cacho? De onde tira essa coragem?", perguntavam sem parar, e eu carecia de respostas convincentes. A verdade — dizer que fui educada para não me render, que sou coerente com o que penso e ajo — não convence ninguém; responder que sou uma mulher como qualquer outra que decide se defender do que considera injusto não é um argumento heroico.

Enquanto o caso Succar avançava, a ponto de sair a sentença do pedófilo, em Puebla "o maravilha" Marín e a procuradora Villeda, ao evitar admitir a existência e a gravidade do caso Succar, toda vez que era possível faziam declarações de que eu estava contando mentiras. Asseguravam que eu utilizava minha prisão para fazer fama e fortuna.

A procuradora se atreveu a declarar que meu livro era exagerado, porque ainda não se havia provado a culpa do pedófilo; jamais mencionou os direitos das meninas e meninos violentados que denunciaram e o fato de que, para poder extraditar "El Johnny", o juiz Duncan vira vários vídeos de pornografia infantil, informação que havia sido publicada em *Proceso* e *La Jornada*, entre outros meios de comunicação.

Quando ganhei o processo contra Kamel Nacif, a equipe de Marín decidiu mudar de estratégia. As ordens eram não responder a uma só pergunta sobre o caso Cacho, afastar-se publicamente de Kamel Nacif e fingir que nada tinha acontecido. Na imprensa, apareciam cada vez mais anúncios sobre as façanhas do governo de Puebla, fotos do "*gov maravilha*" com mandatários de outros países. Sua equipe chegou a manipular uma fotografia de Marín ao lado do secretário de Estado e flanqueado por dois governadores, no diário *Milenio* de Puebla. Um programador visual trocou a cabeça de Marín pela de outro governador para que parecesse que ele era o centro das atenções. No entanto, tudo veio à tona. A partir de então e até agora, paga espaços para ser visto em turnês. A fotografia mais chamativa foi aquela em que apareceu com o presidente Felipe Calderón, que, meses atrás, durante sua campanha, havia prometido exultante que, se chegasse à presidência, iria se assegurar de que Marín seria levado a julgamento político. Prometeu isso tão apaixonadamente que, entre seus candidatos locais de Puebla, mostrou um cartão vermelho, numa alusão ao futebol, exigindo a expulsão do "maravilha" do jogo político.

Pouco a pouco, o poder corporativo ganhava terreno. Priistas que haviam feito declarações fortes contra a imoralidade e a corrupção de Marín agora falavam que eu havia "exagerado o caso". Beatriz Paredes, uma política de carreira que durante décadas circulou com sinceridade entre os grupos feministas, defendeu os direitos das mulheres de capa e espada e denunciou a violência de gênero em fóruns de todo tipo, chegou enfim ao posto que durante anos havia almejado: a direção de seu partido, o PRI. Mal tomou posse, aliou-se a Emilio Gamboa, que, num dos telefonemas com Kamel Nacif apresentados pela imprensa, chamou o empresário de "meu querido" e lhe informou que a lei de apostas em corridas de cavalos estava a ponto de passar no senado da República. Kamel brigou com ele, disse que não queria essa lei. Gamboa, servil e afetivo, respondeu que, se ele queria assim, "essa merda não passa no senado". A mesma Beatriz — que, há anos, sentada ao meu lado num fórum público, dissera que a ética é inegociável — mandou dizer por uma conhecida feminista que deixasse o governador Marín em paz, porque o que me fizeram não era para tanto. Ela também se esqueceu das meninas.

Aguirre Anguiano se atreveu a dizer na Suprema Corte de Justiça da Nação que, "se milhares de pessoas são torturadas neste país, de que se queixa a senhora? O que a torna diferente ou mais importante para a Corte perder tempo num caso individual?"

Após oito meses desde que saí da cadeia, meu caso chegava a um estado de normalização, de banalização. Num país onde a corrupção é avalizada e perpetuada pelos atores políticos e econômicos em geral, a única válvula de escape social é a indignação moral, mas nem o crime organizado nem seus vínculos com o poder político se abatem com ela. Por isso, a estratégia dos poderosos é, simplesmente, reconstruir a imagem do personagem corrupto gastando milhões nos meios de comunicação. Alguns desses órgãos concordaram em difundir a reinvenção do personagem corrupto em vez de acompanhar a notícia, de maneira que o assunto desaparece aos poucos e a opinião pública esquece o caso. Aquela era e ainda é a tática da equipe de Marín. Enquanto isso, eu continuava entregando provas e conseguindo testemunhas para a Comissão de Crimes Contra Jornalistas, a Comissão de Crimes Contra Mulheres e a Suprema Corte de Justiça. Ao mesmo tempo, resgatava minhas provas do Caso Nacif para me defender num processo civil de uma das vítimas manipuladas por Succar. O argumento utilizado pelos advogados da jovem era idêntico ao da defesa de Nacif e de Succar: que eu não sou jornalista; portanto, não tinha direito de publicar o livro *Los demonios del Edén*.

# 6

# O fim da travessia

No começo de 2007, parecia que o pesadelo ficaria para trás, já que nos primeiros dias de janeiro ganhei o processo contra o multimilionário Kamel Nacif. Em março, fiz uma viagem de dezesseis dias pelos Estados Unidos, que começou em Milwaukee, no dia 23, com a entrega do prêmio da Anistia Internacional Ginetta Sagan, dado por meu trabalho na defesa dos direitos humanos das mulheres e dos menores.

No entanto, ainda faltava um longo caminho a percorrer. A Suprema Corte estava em ação. A primeira investigação havia ficado incompleta e sob a suspeita de uma tentativa de "encobrir" o governador Marín. A segunda investigação constitucional estava agora encabeçada pelo ministro Juan Silva Meza, advogado respeitável e ético, que fora juiz da Corte de Justiça Criminal por muitos anos. Em 3 de março, enfrentei o pedófilo de Cancún numa acareação de treze horas que culminou em uma nova ameaça de morte. Apesar disso, eu me sentia fortalecida. No curso de alguns meses, os demônios haviam se revelado, e eu os tinha encarado com sucesso. Por fim, o vento parecia soprar a meu favor. Apenas cinco dias depois de ver a cara de Succar, quando eu voltava calmamente da Cidade Juárez com um grupo de jornalistas, sofremos um atentado.

Minha escolta esperava na porta do aeroporto; a PGR havia nos enviado uma caminhonete que estava à minha disposição na capital. Os jornalistas Alejandro Páez e Jorge Zepeda Patterson, assim como o diretor geral da revista *Nexos*, Rafael Pérez Gay, e sua esposa, se dirigiam à mesma região que eu. Ofereci carona. Quando ganhávamos velocidade, entrando no viaduto, a caminhonete derrapou. O motorista, um dos agentes que me protegia, freou imediatamente, encostando na calçada. Ao desembarcar, pensamos que um pneu estava furado; no entanto, a cena mudou por completo ao vermos o rosto da chefe de minha escolta empalidecer, enquanto trocava um olhar rápido com o motorista. Em suas mãos estavam os parafusos da roda. Nem fora preciso usar uma chave. Tudo acontecera muito rápido: a chefe da escolta pediu que nos afastássemos da caminhonete, tínhamos de sair dali. Na mesma hora, pedimos dois táxis. Na palma da mão da agente Nuño estavam os parafusos sem cabeça, como se tivessem sido serrados. A roda não estava bem-encaixada, mas fora de seu eixo, a ponto de sair por completo. Pegamos o táxi e fomos para a casa de um colega. A agente Nuño me pediu que, até que estivessem certos do que de fato havia acontecido, eu evitasse sair da casa.

"Acha que foi intencional?", perguntei-lhe ainda incrédula.

"Sim, senhora. Pode ter sido um atentado. Por favor, não saia. Vou falar com meus superiores."

Só então fiquei preocupada, e meus amigos, ainda mais. Decidi telefonar para a Subprocuradoria de Crime Organizado. Ninguém atendeu. Telefonei, então, para José Luis Santiago Vasconcelos, antes subprocurador da região e conhecedor do caso Succar/Kamel Nacif. Não fiz mais que descrever o acontecimento. Nesse ponto, eu já esperava que o especialista em crime organizado me dissesse que minha escolta estava exagerando, que certamente aquilo não era grave. Pelo contrário. Ele me instruiu a telefonar para meus advogados e fazer a denúncia imediatamente. Agora todos — o governador Marín mancomunado com Nacif e Succar — tinham muito a perder com a minha persistência em levá-los aos tribunais. Além disso, Santiago Vasconcelos me lembrou que as ameaças de Succar na prisão não deviam ficar por aquilo mesmo.

Então me puseram em contato com um agente especial da AFI, perito em treinamento de direção e perseguições. Outra vez expliquei, com riqueza de detalhes, o que acontecera, e ele me respondeu com uma descrição sobre como um "trabalho bem-feito" dessa natureza poderia ter nos matado. A ideia, disse o perito, era que a roda traseira do lado do motorista saísse completamente do eixo. As caminhonetes Suburban daquela série são extremamente instáveis. Se houvesse capotado a oitenta ou noventa quilômetros por hora, o acidente teria sido fatal. No dia seguinte, apresentei-me com meus advogados à PGR e fizemos a denúncia — mais uma — de tentativa de homicídio à Comissão de Crimes contra Jornalistas.

Para documentar nosso pessimismo, a comissão levou mais de três meses para reagir ao atentado. Na noite de uma sexta-feira, ao chegar em casa, minha escolta notou um veículo parado na rua, com um sujeito ao volante. Ela se aproximou do homem, que disse que vinha da PGR para me entregar uma citação. Sexta-feira, às dez da noite, e a PGR entregando citações?, pensamos. Recebi o documento e, aturdida, li que, como resultado da minha denúncia pelo atentado, a PGR me convocava no dia seguinte — sábado e sem meus advogados — para me submeter a uma peritagem psicológica, com a finalidade de explicar o atentado contra mim. Não pediram os parafusos nem interrogaram minha escolta ou as testemunhas presentes, tampouco o promotor pediu à PGR que entregasse a caminhonete imediatamente para ser examinada e verificar se fora manipulada. Não. A comissão queria averiguar se eu estava em meu perfeito juízo e se dizia a verdade. Indignada, telefonei para meus advogados. Não me apresentei. Até a data da publicação deste livro, a comissão especial não examinou o veículo, que continua estacionado na rua, nas imediações da PGR, e os parafusos continuam guardados. Enquanto isso, a deputada priista aliada de Marín declarou com sarcasmo aos meios de comunicação que ela mesma havia limado os parafusos, que ela havia atentado contra a minha vida. Uma estação de rádio de Puebla me entregou a fita com a declaração completa. Repassei-a à Comissão. Alguém no Ministério Público comentou com meu advogado que não era para tanto, que a congressista simplesmente estava fazendo uma brincadeira.

Mas nem tudo eram más notícias. Em 21 de junho, uma semana antes que a Suprema Corte apresentasse os resultados da investigação, um grupo de cineastas, intelectuais, artistas e ativistas sociais publicou nos principais jornais da imprensa nacional um comunicado intitulado "Era uma vez um pedófilo". Encabeçado pelos multipremiados Alfonso Cuarón, Luis Mandoki, Guillermo del Toro e Alejandro González Iñárritu, o comunicado logo se transformou numa extensão da indignação moral e solidariedade internacional que solicitava aos ministros da Suprema Corte que escutassem sua preocupação com o caso:

> Exortamos ministras e ministros da Suprema Corte a devolver aos cidadãos mexicanos nosso direito a confiar nos tribunais. Até agora, as consequências sofridas pelas vítimas de Succar e a perseguição contra Lydia Cacho parecem dar razão a oito em cada dez mexicanos que consideram inútil denunciar um crime porque as instituições do Estado não lhes darão proteção. Se as autoridades forem eximidas de sua responsabilidade, se não se reconhecer a evidente existência de redes de pornografia, abuso e tráfico de menores no México, será muito difícil que algum cidadão se atreva a desafiar num tribunal homens que, utilizando

o poder público, corrompem a sociedade e fortalecem a criminalidade no México.

Entre as pessoas que assinaram estavam Noam Chomsky, Ana Claudia Talancón, Sean Penn, Ashley Judd, Milos Forman, Benicio del Toro, Blue Demon Jr., Ángeles Mastretta, Bridget Fonda, Carlos Reygadas, Ana de la Reguera, Charlize Theron, Clive Owen, Susan Sarandon, Woody Harrelson e Salma Hayek. Foram reunidas mais de três mil assinaturas, misturando os nomes solidários de sempre com outros novos. O documento foi enviado à corte. A solidariedade comprometida e amorosa de pessoas de todas as crenças e tendências políticas nos fez sentir mais protegidas que nunca.

Por fim, os resultados da investigação foram revelados em 26 de junho de 2007. Eu estava lá, na Suprema Corte, quando a sessão foi aberta, com meu companheiro Jorge e meus advogados. Durante uma hora e meia escutamos o ministro Silva Meza. Ninguém podia acreditar! Pela primeira vez na história mexicana fora realizada cabalmente uma investigação de direito humanos, de direitos de uma mulher, no tribunal máximo da nação, sem a intromissão de um presidente de mão de ferro.

Quando o ministro expôs suas conclusões e a explicação de como ele e sua equipe de investigação chegaram a elas, as lágrimas começaram a me brotar aos poucos. Durante quase dois anos evitei chorar em público, não porque achasse que as lágrimas rebaixassem as pessoas ou as mulheres em particular, mas porque, por um lado, alguns dos meios de comunicação dão tanta ênfase ao drama que, em cada entrevista, insistiram para que eu desempenhasse o papel da vítima arrasada. Mas eu não o era. Eu estava defendendo minha dignidade como mulher e meu trabalho como jornalista. Além disso, naquela época, já havia compreendido que minha batalha era a de milhões de mexicanas e mexicanos que acompanhavam a história passo a passo, não para saber de mim, mas para saber se de fato, apesar de todas as evidências, o Estado mexicano não é capaz de semelhante cumplicidade. Por outro lado, as vezes em que decidira segurar o choro diante de meus colegas fora porque sentira que, se começasse a chorar, me afogaria em minha própria tristeza e já não voltaria a estar forte para combater. Para continuar corajosa, ser capaz de entender cada ato de corrupção e responder a essa guerra como o faria uma jogadora de xadrez, necessitei de retidão moral e da paz interior de minha mente que a meditação, as convicções e a solidariedade incondicional me proporcionavam todos os dias.

Dessa vez, disse, foi diferente: a Suprema Corte de meu país reconhecia todos os crimes cometidos contra as meninas e os meninos e, por eu lhes ter dado voz em um livro, também reconhecia os crimes perpetrados contra mim. Silva Meza disse: "A jornalista Lydia Cacho não foi longe em seu livro", referindo-se à gravidade da exploração infantil no México. Por um instante, pude me sentir no direito de tirar minha armadura. A verdade estava ali, diante da nação. O que mais podíamos pedir?

No entanto, uma espécie de bofetada congelou minhas lágrimas quando ouvi a voz de Ortiz Mayagoitia, presidente da Suprema Corte, dar a palavra ao secretário que leu um documento supostamente preparado pelo ministro José de Jesús Gudiño Pelayo, que, por estar afônico, não pôde ler. O plano estava pronto. Gudiño, em seu documento, instou a Suprema Corte a não dar a sentença no caso "até que se decidissem as regras para que tomassem uma decisão". Era como se, no fim de uma partida de futebol jogada diante de uma multidão, com os gols vistos, o árbitro declarasse que não "havia vencedor" até que eles revisassem as regras sob as quais se definiria o resultado. Vários advogados constitucionalistas me garantiram que, se a sentença tivesse sido a favor do governador, não se teria pedido regras *a posteriori*.

O ministro Silva Meza estava nitidamente constrangido. Os representantes da imprensa também não podiam acreditar naquilo, mas os advogados Aguilar Zínzer y Aguinaco, dois da equipe de sete homens que defendia o governador Marín, permaneciam estáticos atrás de nós, enquanto, um a um, ministros e ministras votaram e concordaram em suspender a decisão.

Caminhamos para fora da corte, e os advogados do governador, extasiados e sorridentes, declaravam à imprensa que estavam muito satisfeitos porque os ministros da Suprema Corte os tinham escutado a fim de proteger os direitos do governador Marín. Mais tarde, um deles negou ter declarado isso, mas, graças a um repórter, sua voz ficou gravada para a história.

Diversos analistas concluíram que houve negociação política entre o PRI (partido de Marín) e o PAN, em função dos difíceis acordos sobre reforma fiscal, de que o presidente necessitava por ser muito conveniente para seus planos econômicos para o México.

Naquele dia, a verdade foi dita na Suprema Corte, e a indignação social se tornou evidente nos meios de comunicação. No entanto, a esperança ressurgiu no fim de setembro de 2007.

A metodologia da investigação foi aprovada pela comissão especial depois de ter nos deixado sobre brasas por mais trinta dias. Os resultados da investigação da equipe de ministros e advogados de Silva Meza permanecerão para sempre nos livros da história da justiça mexicana. A seguir, transcrevo alguns de seus resultados, tomados diretamente da leitura pública em sua própria voz.

## O ÚLTIMO RECURSO: A SUPREMA CORTE DE JUSTIÇA E JUAN SILVA MEZA

*Primeira*. Se houve conluio de autoridades dos estados de Puebla e de Quintana Roo para violar direitos fundamentais da jornalista Lydia María Cacho Ribeiro, violando também os princípios democráticos de federalismo e de divisão de poderes, em especial o princípio de independência judicial.

*Segunda*. Se existe violação reiterada e sistemática de direitos fundamentais em prejuízo de menores de idade.

*Terceira*. Corresponde ao Congresso da União a decisão definitiva sobre a procedência ou não do julgamento político que corresponde instaurar a um alto funcionário da Federação, como o governador constitucional do Estado de Puebla, Mario Plutarco Marín Torres.

*Quarta*. No que se refere à responsabilidade das autoridades que participaram direta ou indiretamente no conluio do governador com o empresário que auxiliou, a análise caberá à legislatura de cada estado da federação que iniciará o procedimento que corresponda contra o magistrado presidente do Tribunal Superior de Justiça do Estado de Puebla, Guillermo Pacheco Pulido, assim como contra os procuradores gerais de justiça dos estados de Puebla e de Quintana Roo.

*Quinta*. Cabe ao pleno Tribunal Superior de Justiça do Estado de Puebla, sem a participação dos envolvidos, decidir sobre a conduta dos funcionários judiciais, em particular da juíza do Quinto Tribunal Criminal do Estado de Puebla, Rosa Celia Pérez González.

*Sexta*. Cabe ao Ministério Público dos estados de Puebla e de Quintana Roo o exercício das ações penais que correspondam pela corrupção de autoridades e pelos crimes contra administração de justiça.

*Sétima*. Corresponderá a todas as instituições dependentes da Procuradoria Geral da República, como a dos estados, assim como as encarregadas da defesa dos menores, investigar, combater e perseguir, com toda a força e habilidade do Estado, qualquer ato de pedofilia, exploração e pornografia infantil. Para esse efeito e dado que se trata de um setor que, por sua incapacidade, está impossibilitado de compreender o dano ou de participar em sua solução, sugere-se informar periódica e publicamente os resultados das investigações, justificando-se unicamente a privacidade ou confidencialidade da vítima e a do agressor quando, por motivo de grau ou forma de participação, se possa conhecer a da vítima.

*Oitava.* Sugere-se que os tribunais jurisdicionais, dentro dos procedimentos que tendam à obtenção de elementos de convicção, privilegiem a atenção aos direitos da vítima, procurando a participação com pleno direito dos ascendentes, dos assessores profissionais e dos representantes jurídicos.

Para chegar ao resultado, foram investigados os servidores públicos do governo marinista, e, com ordens judiciais, vinte e um telefones foram grampeados, entre eles, o do governador Mario Marín, o de Kamel Nacif, o de Margarita Santos (esposa de Marín), o de Irma Benavides (ex-esposa de Nacif), o da juíza Rosa Celia Pérez e o do presidente do Tribunal Superior de Justiça de Puebla, Guillermo Pacheco Pulido; também os de diversos secretários e personagens às ordens de Marín. No documento de 1.205 páginas, extraordinariamente analisado no número 87 da revista política *emeequis* [*emexis*], a comissão destrinchou passo a passo as mentiras e as ações para a conspiração criminosa contra mim.

O ministro Silva Meza concluiu:

Os trabalhos da Comissão Investigadora revelaram que a denúncia da jornalista [Lydia Cacho] é apenas um pequeno esboço da grave situação em que se encontra um grande número de menores, pois a comprovação do abuso sexual do qual foram vítimas algumas das pessoas referidas pela jornalista motivou a Comissão Investigadora a verificar, com os meios a seu alcance, as diversas violações que poderiam estar atingindo um setor da população. Para esse efeito, [...] a Comissão Investigadora solicitou informação a diversas instituições públicas e privadas, de maneira fundamental às instituições de procuração e administração de justiça, por ser a melhor fonte de informação ao alcance da Suprema Corte de Justiça.

A titular da Comissão Especializada para Detecção dos Delitos que Atentam contra a Liberdade Sexual e seu normal desenvolvimento e contra a moral pública da Procuradoria Geral de Justiça do Estado de Quintana Roo, Cancún, informou a quantidade de 1.595 averiguações prévias iniciadas em relação a crimes sexuais cometidos em agravos de menores. O delegado da Procuradoria da Defesa do Menor e da Família proporcionou dezesseis dossiês de menores que se encontraram sob a guarda e em situação de risco, quinze delas por abuso sexual e pela exploração sexual comercial infantil.

O dossiê foi entregue à Subcomissão de Análise Prévia do Congresso da União. O documento foi examinado cuidadosamente e foram encontrados elementos para solicitar a cassação de Mario Marín. Apesar disso, deputados do PRI e do PAN se negam a votar contra o "*gov* maravilha", entre eles Diódoro Carrasco, ex-militante do PRI e agora pertencente ao PAN, partido do presidente Calderón.

Alguns dos mais poderosos políticos mexicanos, entre eles o presidente da Comissão da Fazenda, Orçamentos e Conta Pública, Jorge Estefan Chidiac Charbel, defenderam o governador com unhas e dentes. Chidiac foi secretário de Desenvolvimento Social em Puebla e é muito próximo ao "*gov* maravilha". Outros tomaram partido dependendo da utilidade do "caso Lydia Cacho" para atacar seus inimigos políticos. O certo é que, apesar de a Suprema Corte ter elaborado uma investigação impecável, que já passou por uma regulamentação, *a posteriori*, e inclusive deu um tempo extra para que os sete advogados do governador fornecessem provas, o Congresso da União continua sem compreender que cada um dos personagens que vota com o governador o defende e está, desde o poder público, perpetuando a corrupção e indiretamente protegendo as redes de pedófilos. Os legisladores se exibem sem decoro, como se a ética pública não fosse parte de seu mandato.

Em 16 de outubro de 2007, o senador de esquerda Pablo Gómez, que apresentara originalmente, entre outros, a solicitação de julgamento político, apresentou-se com a Frente Cívica de Puebla numa entrevista coletiva. Explicou que não entendia o que estava acontecendo no PAN, pois "agora, se o deputado do PAN Diódoro Carrasco Altamirano não convoca, em seu caráter de presidente, a Subcomissão de Exame Prévio para se reunir, não poderá dar continuidade ao julgamento político contra o governador de Puebla, Mario Marín Torres". Carrasco pertenceu ao PRI até pouco tempo, quando então o PAN lhe ofereceu espaços melhores para exercer o poder. Alguns meses se passariam até se conhecer o desenlace final do assunto; enquanto isso, conseguimos fazer uma radiografia do sistema de justiça criminal e dos alcances dos pactos insondáveis do poder público corrupto sobre o cidadão comum.

As lições foram muitas. Nunca antes tive tanta clareza sobre por que o México não se transforma — nem se transformará facilmente — num país com estado de direito.

## Epílogo: uma história interminável

Na tarde do atentado contra a caminhonete em que eu viajava, cheguei ao escritório do ministro Juan Silva Meza. Havia pedido o encontro tempos antes. Como meus adversários, eu deveria visitar o ministro. Subi pelo elevador. Na recepção, um homem amável me conduziu à sala de espera. Nas portas que me rodeavam, estavam inscritos os nomes dos ministros. Não pude evitar imaginá-los dentro de seus escritórios, examinando documentos e tomando decisões, debatendo-se entre assumir uma postura jurídica fundamentada na política ou uma postura política argumentada juridicamente. E as pressões que devem sofrer?, perguntei a mim mesma em silêncio. O ministro Mariano Azuela já havia personificado uma defesa descarada do governador quando Silva Meza lera no plenário da Corte o parecer que acusava Marín de ser responsável por conspiração criminosa. Nessa primeira investigação da Corte, ele fora eximido porque os investigadores decidiram que o "Senhor Governador" tinha uma investidura e não podia nem devia ser investigado a fundo. O que guiara essa primeira comissão? O medo ancestral de confrontar governadores que por mais de setenta anos foram intocáveis? Seria uma nova forma de acerto entre servidores públicos? Por acaso houvera compra de vontades? Lembrei-me do caso em que um ministro da Corte fora preso, acusado por meu advogado, Xavier Oléa, de aceitar dinheiro para deixar livre um assassino e estuprador de uma menina em Acapulco. Por que desta vez haveria de ser diferente? Fiquei sem resposta.

Eu estava sentada, os cotovelos sobre os joelhos e as mãos espalmadas como quem se prepara para fazer uma oração. Uma verdade esmagadora caiu sobre mim: não era o fim da batalha. Embora estivesse na última das instituições do Estado mexicano à qual poderia apelar para me defender, os demônios lá fora não se dariam por vencidos para acabar com a minha vida; o episódio daquele dia era um lembrete. Terei que passar vinte anos escoltada para evitar que me assassinem? Esgotada pelas ameaças, eu me transformarei em mais uma imigrante expulsa do México pela violência? E minha vida, e a vida e o sofrimento das meninas e dos meninos assediados e desaparecidos por obra dessa rede de traficantes de menores serão apenas mais uma anedota entre os milhões de casos devorados pela corrupção? Um vulcão de tristeza invadiu meu corpo, o choro subiu descontrolado por minha garganta, e fechei os olhos numa tentativa inútil de detê-lo. Aquela era uma sensação cotidiana para milhões de mexicanos. Nunca como naquele instante eu estivera tão consciente da orfandade da pátria; não há pátria, não há mátria que nos proteja, há um vazio, e, para não admiti-lo, por medo de cair no abismo, milhões se submetem aos desígnios do poder, se somam à corrupção, silenciam a verdade ao se sentir indefesos.

Uma voz masculina interrompeu meu pensamento. "Pode vir", disse amavelmente um jovem. Respirei fundo e fui ao banheiro secar as lágrimas e me recompor. Outra vez a Lydia pública, a que persiste e não se dobra, tinha que entrar em ação; enquanto a Lydia interior estava esgotada para continuar o jogo — ou seria a farsa? — pela mão do Estado mexicano.

# EPÍLOGO

Sentado em seu escritório, o ministro Juan Silva Meza me recebeu afetuoso e educado, como faz com todos. Num tom amável e profissional, fez um resumo da situação e me explicou que o governador Marín teria acesso ao dossiê completo para que sua defesa argumentasse. "Mas isso não é um julgamento penal", protestei ingenuamente. "Não se trata de uma investigação em que todos temos que dar nossas provas, nossos testemunhos, e a Suprema Corte então avaliará os fatos concretos e os indícios?" Silva me explicou que, dados os resultados, o plenário da Corte havia decidido que se desse uma segunda oportunidade ao governador. E, se o resultado tivesse sido o inverso, teriam dado uma segunda oportunidade a mim, cidadã sem poder político? O ministro ficou em silêncio antes de me explicar que iriam se passar alguns meses até que a Suprema Corte votasse no plenário. Uma sensação conhecida subiu por minha espinha dorsal. A imagem da viagem na estrada com os agentes judiciários relampejou em minha mente: os momentos em que me senti agradecida porque meus sequestradores não cumpriam suas ameaças de acabar com minha vida, a incessante corrente elétrica de adrenalina quando alimentavam minha esperança ao me permitir falar por telefone e, em seguida, me tomavam o aparelho enquanto a voz de meus familiares perguntava: "Quem é... alô... alô?" Não posso mais, pensei, e, enquanto nos olhávamos nos olhos, minhas pupilas começaram a flutuar no sal da desesperança, por meu rosto caíram sem decoro as gotas da despedida. As palavras se desvaneceram, fiquei sem argumentos. Tudo estava dito. Tirei um lenço descartável de minha bolsa e, pouco a pouco, me acalmei.

Comovido, o ministro foi profundamente respeitoso. Não me pediu que não chorasse; pelo contrário, narrou como ele mesmo havia sido ameaçado quando acompanhava um caso como juiz penal em que estava envolvido um homem de grande poder policial e político.

"Eu não pensava em mim, mas em meu filho. Se quisessem me atingir, poderiam fazer algo com ele. Segui em frente, porque a coerência é o único caminho para sustentar a ética, para se chegar à justiça." Observei-o absorta: a cabeleira branca, o rosto redondo e, sob seus óculos, um olhar transparente. As mãos gordas se estendendo no ar enquanto falava. "Li em algum lugar", disse num tom quase travesso, "que não dá para se render porque as meninas que foram abusadas precisam ser protegidas." Ele estava me citando.

Sorri. À minha mente chegou a imagem dos olhos luminosos de duas meninas violentadas que, enquanto esperavam a psicóloga, coloriam cadernos em meu escritório, compartilhando alegres seus desenhos, resgatando com sua sabedoria infantil o direito à felicidade.

Levantei para me despedir. O ministro me explicou que as câmaras de deputados e senadores já lhe haviam pedido o dossiê para estudar a possibilidade do julgamento político. "Esperemos que se faça justiça, mas não se renda, pois o país tampouco se renderá."

Enquanto entrava na caminhonete, com minha escolta mais alerta que nunca, pensei que a indignação moral que se revelara com meu caso ao longo do país não era suficiente para entrar pelas fissuras da corrupção institucional do México. São necessários seres humanos dispostos a transformar as instituições a partir de dentro do sistema. Mas quais e quantas pessoas estão dispostas a não ceder? Quantas deixariam de dizer diariamente que o México é assim mesmo, que não tem remédio e que por isso "roubam um pouquinho"?

De que tamanho é o monstro institucional? Como entender esse Cérbero que, como na mitologia grega, é um monstro com mais de cinquenta cabeças, encarregado de não permitir a saída das almas levadas para o inferno da impunidade? As cabeças do Cérbero são muitas, e olhá-las com atenção nos permite compreender o México. Uma dessas

# EPÍLOGO

cabeças é a efígie de boa parte da sociedade que, cada vez que pode, se corrompe e busca caminhos fáceis, alimentando a corrupção generalizada. É a polícia que pede propina e o motorista que a dá, quem pirateia um filme e quem o compra. É necessário haver, pelo menos, duas pessoas envolvidas.

"Mario Marín é o governador que custou mais caro à sociedade de Puebla, 184 milhões de pesos, para ser preciso", declarou o deputado federal Francisco Fraile ao se referir aos recursos públicos que o "*gov maravilha*" gastou por meio da área de Comunicação Social de seu governo, desde 14 de fevereiro de 2006, dia em que se tornaram públicos os telefonemas entre o mandatário e Kamel Nacif. Esses recursos foram utilizados para limpar sua imagem pública. Mas será que é o dinheiro que compra a impunidade de Marín? Acho que não. Para compreender por que um congressista ou mesmo um governador exposto a um escândalo público nos Estados Unidos, na Espanha ou na França renuncia pressionado por seus colegas de partido, mas no México é protegido como uma vítima esmagada por uma verdade incômoda, precisamos entender os mecanismos políticos e sociais da corrupção mexicana.

Uma deputada atual priista me parou no aeroporto. Como quem foge da KGB, ela me levou a uma esquina e em voz baixa me disse que sua admiração por minha causa a levava a me dizer que seu partido não estava disposto a votar pelo julgamento político contra Marín, embora ela estivesse. Seria o mesmo que abrir as portas à possibilidade de que eles, que também têm o rabo preso, sejam eventualmente julgados por seus atos de corrupção. *Eles se veem refletidos em Marín; as alianças corporativas são alianças morais, ou imorais. Eles avalizam o sistema corrupto, e conseguiram infiltrar no Congresso a versão de que você exagerou, de que somos as mulheres choronas. Você se transformou numa ameaça, num aviso do potencial que milhões de mulheres temos para revelar quem são eles; além disso, Gamboa nos disse que você não é jornalista.* Ela se despediu me pedindo que não me desse por vencida. Essa que se esconde numa esquina mostra a perspectiva humana das pequenas solidariedades dos que pertencem ao sistema. A outra, a perspectiva política que mantém o *status quo*, é mais simples de apreender: o presidencialismo histórico, o poder dos governadores, o modelo econômico e o sistema de justiça penal inoperante são os pilares que o sustentam.

No passado, o controle dos governadores era exercido por meio de mecanismos meta-constitucionais, graças ao presidencialismo. Durante mais de seis décadas, os mandatários mexicanos exerceram reiteradamente seu poder para resolver crises e eliminar grupos rivais. Ernesto Zedillo foi o primeiro presidente a fracassar na tentativa de "retirar" um governador incômodo (é o caso de Roberto Madrazo, que em 1995 foi acusado de fraude eleitoral em Tabasco). Antes dele, a matança de Águas Blancas, que chegou à Suprema Corte e foi exposta em sua real dimensão graças ao trabalho jornalístico de Ricardo Rocha, se resolveu não porque esse trabalho fosse justo e comprovado, mas pelas ordens do presidente ao governador que ordenou o massacre. A história demonstra: Echeverría destituiu Armando Biebrich, governador de Sonora, com um telefonema. E quando Ramón Corral ganhou uma eleição duvidosa em Guanajuato, Salinas o tirou do poder quando era governador eleito (assim começou a carreira de Vicente Fox, que depois chegou ao governo do estado). Devido à indignação moral pelas explosões de 22 de abril de 1992 em Guadalajara — graças ao trabalho de jornalistas do diário *Siglo 21* —, Salinas forçou Cossio Vidaurri a renunciar.

Quando assumiu o poder, em 2002, Vicente Fox não tinha a menor condição de governar. Ele foi o divisor de águas — circunstancial, não

## EPÍLOGO

estratégico — que rompeu a estrutura do presidencialismo ditatorial e todo-poderoso. Os presidentes não tomavam decisões necessariamente éticas, mas táticas: buscavam manter o PRI no poder e conter as rebeliões possíveis provocadas pela indignação moral da sociedade mexicana mergulhada na impunidade, na pobreza e na violência crescente. Enquanto isso acontecia, a televisão mantinha a opinião pública entretida com telenovelas e futebol.

Porém, o presidencialismo não agia apenas sobre os governadores, mas também sobre os donos do dinheiro e dos meios de comunicação. Quando Bailleres, um dos cinco homens mais ricos do México, morreu, seu herdeiro foi convocado pelo presidente Gustavo Díaz Ordaz, que lhe perguntou o que ia fazer com sua fortuna. Em seguida lhe deu algumas "boas ideias". O famoso "Tigre" Azcárraga, fundador do canal de televisão mais poderoso do México, disse orgulhosamente: "Eu sou um soldado do PRI." Assim se manteve a parceria entre os monopólios midiáticos e o monopólio político, e se fez o necessário para contar as histórias que convinham ao sistema, para criar diante da opinião pública um México convenientemente falso e sob controle. Tudo sob controle entre *Los ricos también lloran* e *Cuna de lobos*.\*

Os donos do monopólio político e do empresarial cresceram juntos, como numa "boa" família — os segredos e os acordos alimentam a proximidade e o vínculo de cumplicidade. Os grandes empresários não fizeram necessariamente suas fortunas com atos criminosos, mas pela proximidade com o poder político e as facilidades que este lhes

---

\* Telenovelas da Televisa, de 1979 e 1986, passadas no Brasil pelo SBT em 2005 e 1991, respectivamente. *Cuna de lobos (Berço de lobos)* aqui se chamou *Ambição*. (N. T.)

proporcionou. Em alguns casos, como o de Quintana Roo (Cancún e a Riviera Maya), uma parte do investimento empresarial mexicano e estrangeiro, cuja finalidade foi lavar dinheiro, se sustenta com altos graus de corrupção estrutural e, em alguns casos, com vínculos concretos com o crime organizado.

Atualmente, as vinte famílias mais ricas do país não só concentram uma porção muito superior a 10% do PIB, e mais da metade do valor acionário da Bolsa Mexicana, como têm uma forte ingerência nas decisões políticas — muito mais que na era presidencialista. Agora podem comprar políticos sem problemas, de tal forma que homens como Jorge Mendoza, diretor da TV Azteca, se lança como congressista para defender os interesses de sua empresa e do PRI. Seus programas de notícias refletem acertos, acordos e tendências políticas de seu partido. Novos tempos, novas estratégias, resultados iguais.

Vários especialistas concordam que Vicente Fox encabeçou o último governo priista mesmo com uma presidência de outro partido. A estrutura financeira e o erário, e a direção dos órgãos de segurança pública, eram formados por personagens do PRI, conhecedores do sistema e ligados aos mecanismos que sustentavam o modelo econômico, político e judicial.

Felipe Calderón tentou manter o PRI na oposição, mas sua presidência desmantelada obrigou-o a se atirar nos braços dos velhos operadores, em troca de estabilidade e controle. Seus compromissos políticos com o empresariado e sua visão de mundo o transformam em aliado íntimo do grande capital.

Não houve processos de democratização do sistema; não houve transformação social paulatina em que governo e sociedade rompessem o velho molde. O bolo continua idêntico, assado na mesma forma circular e no mesmo forno: eleições opacas. Contudo, quem está no poder

## EPÍLOGO

agora é um homem chamado Felipe, que inventa dia a dia sua própria noção de presidencialismo. Mas agora que o PRI é oposição, as negociações evidenciam e expõem à opinião pública, mais do que nunca, o poder dos feudos estaduais. Num país de 104 milhões de habitantes e 32 estados, cada governador age como o fizeram os presidentes priistas, reproduzindo o modelo. Marín em Puebla e Ulises Ruiz em Oaxaca são uma amostra fiel de que a federação carece de instrumentos ágeis para destituir um governador "incômodo". O caso passa necessariamente pela União e por todas as legislaturas estaduais. Há, inclusive, argumentos legais poderosos, como nos casos de Atenco, de Oaxaca e o meu, entre muitos outros, que sempre estarão condicionados por uma negociação com os partidos; os julgamentos políticos não surgem de um debate ético. E, naturalmente, não sairão das próprias regiões, porque os governadores como Marín têm os congressos locais sob seu controle, com deputados que o próprio executivo coloca para desfrutar de um "reinado" impune.

São incontáveis os instrumentos que os mandatários possuem diante de suas próprias legislaturas e seus poderes judiciais, mesmo sem uma maioria clara. Basta ver o "perdão" jurídico que Arturo Montiel* recebeu ou a estratégia de meios de comunicação e relações públicas de Peña Nieto, governador do estado do México, transformado em protagonista nacional graças às verbas desmedidas para promovê-lo. Ou os milhões que Marín pagou para promover as vezes (quase dez) que se reuniu com Felipe Calderón, para enviar a mensagem de que foi perdoado por quem, em campanha, pediu — e ofereceu — sua cabeça "pelas meninas e meninos do México".

---

* Governador do estado do México antes de Henrique Peña Nieto, envolvido em vários escândalos de corrupção. (N. T.)

Nunca como agora os governadores foram atores tão autônomos, e nessa medida protagonistas políticos com poder próprio. Mario Marín é. Embora ele tenha perdido credibilidade pública, como governador conta com a incondicionalidade de seu congresso, com a possibilidade de pagar milhões de pesos em publicidade e com a ferramenta mais poderosa: um empresário disposto a utilizar sua fraqueza para lhe arrancar acordos que facilitem o enriquecimento de alguns em troca de não exercer pressão política. Entre eles está o vice-presidente da Confederação Patronal Mexicana (Coparmex), Rogelio Sierra Michelena, que, sem decoro, confessou a Álvaro Delgado, jornalista da revista *Proceso*, e à *Quinta Columna* de Puebla, que lhe foi útil o "caso Cacho-Marín" para facilitar negociações com o governo de Puebla. Sierra Michelena — contratista do governo de Puebla — foi um grande crítico de Marín. No entanto, agora diz que o perdoou porque "ele é o melhor governador na história de Puebla, já que mostra um *grande arrependimento* (pelo caso Cacho)". Alguns empresários da Confederação se mantêm em seus princípios éticos e esperam que a resolução da Corte seja acatada, mas, infelizmente, são agulhas num palheiro.

Nada ilustra melhor a impotência da federação diante do poder quase monopólico de um governador em sua região do que o caso de Oaxaca e Ulises Ruiz.* Apesar de todas as provas, as tentativas do governo federal para se desfazer do mandatário foram por terra. Os contrapesos de um governador são, em teoria, os outros poderes locais: o Congresso Estadual e o Poder Judiciário do estado. Mas somente em teoria. No caso de Puebla, a investigação da Suprema Corte nos permite ver com clareza o mapa da conspiração de servidores públicos

---

* Acusado, entre outras coisas, de se eleger governador com compra de votos. (N. T.)

que, desde Guillermo Pacheco Pulido, o presidente do Tribunal Superior de Justiça do estado, até a juíza, a procuradora e outros trinta e tantos personagens se submetem aos desígnios e afirmam publicamente a mentira, obedecendo a seu chefe — o governador —, e este, por sua vez, a Kamel Nacif, um empresário multimilionário. Diante de Kamel Nacif se rendem, segundo as gravações e centenas de testemunhos arrolados ao longo desta história, três governadores que lhe pedem dinheiro, lhe fazem favores e o chamam amorosamente de "paizinho", "papai" ou "meu herói". As conversas telefônicas mostraram a influência que tem sobre um dos políticos mais poderosos do México, Emilio Gamboa Patrón, mencionado pelas meninas vítimas da rede de pedófilos de Succar Kuri e nomeado pelo próprio pedófilo como seu amigo e protetor.

Quantos políticos mais estão nas mãos de Nacif? Quantos servidores públicos, procuradores, Ministérios Públicos? Apenas ele e os que se prostituíram com seu dinheiro sabem. Dezenas de artigos jornalísticos e programas de rádio haviam tornado pública a história de Nacif, sua prisão em Las Vegas e seus vínculos com as máfias de Nevada. Apesar disso, o ex-presidente Vicente Fox o chamou de "cidadão exemplar". Havia investido uma pequena quantidade ao abrir uma tecelagem em Chiapas, onde seu amigo (também mostrado nos grampos telefônicos) Pablo Salazar Mendiguchía governava. Ele chegou ao poder com uma aliança formada pelo PRD (Partido da Revolução Democrática) e o PAM, entre outros. O investimento real na tecelagem foi de recursos públicos; a exploração do trabalho e seu posterior fechamento foram estudados e denunciados por organismos nacionais e internacionais de direitos trabalhistas nas tecelagens. Mas o importante para todos eles é a "geração de empregos", mesmo que isso signifique exploração profissional, doença e contaminação ambiental, além de violação dos direitos humanos de milhões de trabalhadores. Enquanto o modelo se sustenta, suas implicações sociais não têm importância. O crescimento do país não se alimenta — do poder político — de princípios éticos e visão a longo prazo para o bem-estar das maiorias, mas da satisfação das agendas pessoais de um grupo de indivíduos que controlam o país.

Um ministro da corte disse em sessão no plenário, diante das câmeras, que nos velhos tempos era o presidente quem dava as ordens à própria Corte e que agora as coisas são diferentes. Claro que são. Mas o que faremos agora sem um tirano que ordene a justiça a seu modo? Que mão pode segurar o martelo da justiça e sentenciar de maneira honesta? Alguém sabe como exercer a liberdade? Alguns demonstraram que é possível, entre eles Silva Meza, mas uma andorinha só não faz verão. O que esse caso deixa claro é que o sistema corrupto não se perpetua sozinho, precisa de seres humanos que o alimentem, o construam e, com vontade para se prostituir, fechem as portas à transformação e à democratização.

Guillermo Zapeda Lecuona faz uma exploração sobre o que ele chama "a vítima investigadora" em seu ensaio *La investigación de los delitos y la subversión de los principios del subsistema penal en México*. O direito penal, diz Lecuona, criou a figura do Ministério Público como perito em direito, encarregado da investigação penal, responsável por reunir as provas e representar a sociedade e a vítima e denunciante em suas legítimas expectativas de direito. No entanto, diante da impossibilidade dos funcionários de realizar as investigações em todos os casos que lhes são apresentados, na prática se transferem indevidamente para a vítima muitos dos custos da investigação; a vítima, então, tem que levar até o escritório da autoridade evidências e provas, se quer que seu caso vá adiante. Realmente se põem barreiras indevidas e inconstitucionais à apresentação de denúncias

## EPÍLOGO

e à participação da vítima. Além do tempo de espera, difundiram-se práticas como a "ratificação" de denúncia, qualificação de procedência das denúncias, assim como altos custos de participação na averiguação prévia e no processo penal. Por isso, também as vítimas (cujos direitos, a partir do ano 2000, passaram a ter status constitucional) e a sociedade aparecem empalidecidas, pois seus direitos não são tutelados nem recebem apoio suficiente das autoridades.

O Ministério Público foi criado e permaneceu dentro da esfera administrativa do poder executivo, num país em que, por décadas, a presidência não teve contrapesos reais. O alcance das atribuições do Ministério Público pode se resumir numa frase: discrição sem controle eficaz. Essas atribuições sem contrapeso não são casuais; correspondem a uma visão do poder público que fazia com que o executivo desejasse conservar em sua esfera de domínio, com plena discrição e sem controle externo, a investigação e a perseguição aos delitos, assim como a possibilidade de fazer valer incontestavelmente suas determinações diante dos juízes para conseguir a condenação dos processados. Essas atribuições fizeram das procuradorias mais uma instância dessa extensa rede de controle à disposição de interesses políticos hegemônicos. Na aplicação seletiva do direito penal — assegurar um castigo ao dissidente e garantir a impunidade do aliado — está grande parte da razão de ser do atual modelo institucional de nossa Procuradoria de Justiça Penal. Este caso é prova fiel: a rede de pedófilos, apesar de ter nomes e sobrenomes, continua intocada; o único preso é Succar Kuri. A Comissão FEVIM tem, desde janeiro de 2007, listas das ordens de prisão de meus torturadores, mas por ordens superiores eles não foram presos.

Milhões de cidadãos mexicanos são esmagados ou espancados pelo sistema de justiça. Meu caso não é único. Sou uma entre milhões.

No entanto, foi útil porque, com persistência e um grande respaldo nacional e internacional, pude me manter firme com dois dos bens mais preciosos da humanidade: a esperança e a solidariedade. Meu querido colega Ricardo Rocha me disse, há anos, que "um repórter sem sorte não é um bom repórter". Tive sorte de sobreviver à tortura, primeiro policial e depois institucional. Pude acompanhar meu caso como uma repórter: compilando provas, dados brutos, comparando versões, seguindo centenas de pequenos e grandes atos de corrupção. Pude, ao lado dos jornalistas, fazer uma radiografia da impunidade e da corrupção. Consegui isso porque minha batalha não se nutre de raiva ou rancor, mas da convicção da necessidade de que os que violam a lei e os direitos humanos prestem contas à sociedade. Trabalhei tranquila, graças às minhas redes de apoio.

Termino este livro na cidade de Nova York, dias antes de receber o prêmio pela coragem jornalística da *International Women Media Foundation (IWMF)*. Preparando-me para fazer o discurso de agradecimento, reitero que cada reconhecimento que recebi ao longo de minha carreira jornalística, e em particular nos dois últimos anos, significaram não um alimento para o ego, mas um espaço para conhecer a verdadeira situação do jornalismo no México e também a dos direitos humanos, violados sistematicamente pelo poder público. Enquanto os meios de comunicação norte-americanos e europeus me dão voz para explicar o assunto, Marín desaparece da imprensa no meu próprio país.

Minha querida amiga, a jornalista Mariane Pearl, insistiu durante anos para que eu escrevesse este livro. O que ela escreveu foi a história de seu marido, Daniel Pearl, assassinado no Paquistão quando trabalhava para um jornal. "Não espere", disse com o realismo honesto que há somente entre jornalistas. "Só você tem na memória toda a história. Conte-a antes que a imprensa a esqueça." Naqueles dias eu disse que não. Agora compreendo a que se referia.

# EPÍLOGO

Em meados de 2007, Ricardo Rocha me entrevistou junto com Antonio Crespo e Jorge Zepeda Patterson para explicar a situação do caso na Suprema Corte. Semanas depois, Rocha, com medo, disse-me que, pela primeira vez na história do programa *Reporter 13*, do canal TV Azteca, havia decidido não transmitir uma reportagem. Também nesse canal fui entrevistada em *Shalalá*, um programa de Katia D'Artigues e Sabina Berman, que também não foi ao ar. Pouco depois, Fernanda Familiar me entrevistou para seu novo programa na Radio Imagen. Após a entrevista, enquanto eu saía do edifício, um dos diretores mandou chamá-la para ameaçá-la, caso insistisse em colocar no ar a entrevista. Como argumento, o sujeito lhe explicou que já tinha "o verdadeiro dossiê de Lydia Cacho". Esse documento, já nos escritórios de diretores e donos de quase todos os meios de comunicação nacionais, foi elaborado pela equipe do governador Mario Marín, para compensar o prejuízo causado por sua venda de justiça, e nele anexavam uma cópia simples da primeira peritagem que a PGR fizera de mim — como vítima — e que fora descartada pela Comissão FEVIM por estar incompleta e mal-elaborada. Extraindo e descontextualizando citações, agregaram outros dados pessoais de minha vida privada, resultado de "investigações particulares" de agentes do governo de Puebla. Com o poder político nas mãos, Marín, que legalmente poderia não ter acesso à peritagem — porque é a ele que eu acuso na PGR —, seguiu uma estratégia de aniquilamento, não físico, tecendo uma rede de poder com a finalidade de me desacreditar e me isolar. Fernanda, que tem o maior índice de audiência da rádio, se negou a negociar e pôs o programa no ar. Por último, um dos jornalistas mais poderosos da TV Azteca, que foi profundamente solidário e acompanhou o caso passo a passo em rádio e televisão, Sergio Sarmiento, foi impedido de gravar *La Entrevista* comigo. A estratégia foi primeiramente sutil, depois evidente.

A produção me ligou para que eu estivesse nos estúdios às 11h da manhã. Nesse dia me ligaram para dizer que algo estranho havia acontecido: não poderiam usar o estúdio porque alguém precisava dele para outro programa. Indignado, Sarmiento reclamou do fato, temendo algum tipo de censura, mas lhe garantiram que não era isso. Uma semana depois, devido à insistência de Sergio para gravar comigo, uma pessoa de seu staff me confirmou que realmente era uma ordem da direção: Lydia Cacho nunca mais apareceria na TV Azteca.

Meses antes acontecera exatamente o mesmo procedimento na Televisa. Tanto Adela Micha — que havia me entrevistado várias vezes — quanto Carlos Loret de Mola pediram a seus produtores que me convidassem para seus noticiários. Duas horas depois me ligaram para dizer que não poderiam me levar ao estúdio. Cada vez que Carlos Loret ou Joaquín López Dóriga falam do meu caso na Televisa é por convicção pessoal, e de maneira rápida. No entanto, em seus espaços de rádio seguem pontualmente o assunto e não parecem estar limitados, como também acontece na rádio com Sergio Sarmiento. Por último, embora não em ordem de tempo, Víctor Trujillo *Brozo* foi objeto de um processo administrativo da Secretaria de Governo por transmitir os telefonemas entre Marín e Nacif em seu noticiário. O argumento da Segob foi que estão infestados de obscenidades; mas a mensagem foi clara para a televisão: o caso Marín-Nacif deve desaparecer da opinião pública.

Diante de mim, nos escritórios da International Women Media Foundation, onde escrevo este capítulo final, tenho um pôster da jornalista russa Anna Stepanovna Politkovscaya, a mulher de olhar melancólico que, com um sorriso delicado, segura o prêmio que eu receberei amanhã. O cabeçalho diz: "Ganhadora do prêmio IWMF 2002. In Memoriam." Anna foi assassinada quatro anos depois de obter esse troféu em Nova York. Todos os seus amigos lhe disseram que, com tantos

## EPÍLOGO

prêmios, jamais tocariam nela. As máfias russas mancomunadas com o poder político acabaram com sua vida. Penso, diante dessa imagem, com as lágrimas aflorando, que na realidade não me arrependo de nada. Espero chegar à velhice e guardar essa fotografia de Anna como lembrete da realidade mundial. Mas, se não acontecer isso, acho que o México poderá se transformar, que algum dia haverá uma democracia real; acredito no papel do jornalismo como um direito da sociedade para saber e entender; acho que os direitos humanos não são negociáveis. Embora nossas histórias individuais se diluam, os pequenos avanços não desaparecerão. Meu caso não é o de uma mulher, é o de um país. E o México é muito mais que uma porção de governantes corruptos, de empresários ambiciosos e de criminosos organizados.

Podem me apagar da imprensa, sumir comigo. O que não poderão é negar a existência desta história, calar minha voz e minha palavra. Enquanto eu viver, continuarei escrevendo e, com o escrito, continuarei vivendo.

Anexos

# Cronologia endemoniada

**1982-1985** (Succar Kuri)

Casa com Gloria Pita, quando ela tinha 14 anos, logo depois de se conhecerem. Ela sabe de "seus defeitos, de que gosta de meninas".
    Sai de Acapulco após tentar abusar de uma menor e receber ameaças dos pais. Mantém seu apartamento lá.
    Conhece Miguel Ángel Yunes. Abre negócios no aeroporto da Cidade do México.

**1986**

Chega a Cancún e compra lojas no centro comercial Nautilus. Faz acertos com o Fonatur por meio de Alejandro Góngora Vera.
    Compra propriedades em Villas Solymar e faz negócios graças a suas amizades e influências com seu sócio e amigo Kamel Nacif.

**2000**

*Agosto*. Emma é aluna da escola La Salle e conta a sua professora de moral, Margarita, sobre os abusos que sofria de Succar Kuri. A mãe de Emma fala com seu irmão Ricardo Cetina e este lhe proíbe que denuncie Succar.

## 2003

*Março.* Kamel Nacif pede a Succar Kuri que lhe traga uma menina da Flórida e outra de El Salvador "para fornicar" num *ménage à trois*. Kamel pergunta quanto custa cada menina e Succar responde que dois mil dólares cada uma e que as levará ao hotel Solymar de Cancún. (Gravação telefônica exibida pela jornalista Carmen Aristegui. Nacif admite, em 2007, ao jornal *Reforma* que os telefonemas são autênticos.)

*Outubro.* Emma procura sua ex-professora Margarita e lhe pede que a ajude a denunciar Succar Kuri. Emma conhece a advogada Verónica Acacio, da organização Protégeme, A. C., e aceita representar gratuitamente ela e outras meninas menores de idade.

*27 de outubro.* A procuradora Celia Pérez Gordillo autoriza a subprocuradora a fazer um vídeo de uma conversa entre Emma e Succar Kuri para obter provas. Succar admite estuprar meninas até de 5 anos.

*Por esto!*, de Quintana Roo, dá uma cobertura completa e pontual do caso. O restante da imprensa do estado o segue.

*29 de outubro.* Advogados de Succar orquestram a fuga do pedófilo, após o aviso de que ele seria preso no dia seguinte.

*30 de outubro.* Gloria Pita "La Ochi" liga para Emma e sua mãe para ameaçá-las caso não retirem a denúncia contra seu marido, Jean Succar. São gravadas duas ligações em que Gloria admite clara e expressamente ter conhecimento explícito das atividades pedófilas de seu marido.

*2 de novembro.* Emma denuncia Jean Succar à PGR (federal) por pornografia infantil e estupro (dela aos 13 anos e de sua irmãzinha e prima de 8 e 9 anos, assim como de outras meninas de 6 anos). Declara que

Succar contrata meninas dos Estados Unidos para trocá-las com Kamel Nacif Borges, Miguel Ángel Yunes Linares e Alejandro Góngora Vera.

*Novembro.* Emma procura Óscar Cadena e lhe pede que a entreviste em seu programa de TV "Encadénate", pois teme por sua vida por ter denunciado seu estuprador. Cadena transmite a entrevista na Televisión de Quintana Roo e pela SKY.

*4 de novembro.* A menor Carmen declara à PGR que Succar Kuri a violentava desde os 6 anos e fazia vídeos com ela. A menina Laura declara que, quando ia ao jardim de infância, conheceu Succar Kuri na casa de sua vizinha e que ele começou a abusar dela aos 5 anos. Outras três menores, que não conheciam Emma, também depuseram.

*4 de novembro.* Emma procura Lydia Cacho e lhe pede que a ajude como jornalista a contar sua história porque foi ameaçada de morte. Mais tarde, aceita ajuda do CIAM Cancún para ela e outras vítimas.

*7 de novembro.* O terceiro tribunal expede ordem de busca e apreensão nas Villas Solymar. Desaparecem 20 vídeos comprometedores filmados por Succar. Um ano depois, policiais de Cancún os põem à venda por 40 mil dólares cada um.

*11 de novembro.* Alejandro Góngora (diretor do Fonatur) declara não conhecer Emma.

Emma declara à PGR que conheceu Alejandro Góngora e sua esposa Rocío nas Villas Solymar: ela estava no quarto e Succar as apresentou como sua filha "La Pecas" (A Sardas). Explica como acompanhou Succar várias vezes ao Fonatur para fazer "negócios" com Góngora. Ela fornece dados que foram ratificados pela autoridade.

*12 de novembro.* A Interpol informa que iniciou uma investigação contra Jean Thouma Hanna Succar Kuri por "lavagem de dinheiro" em, pelo menos, oito cidades turísticas do país, onde também tem residências, lojas de roupas, joalherias, restaurantes e outras propriedades.

*13 de novembro.* A PGR faz uma peritagem psicológica em Emma e outras vítimas.

*21 de novembro.* O governador promete agir no caso Succar. "Eu me encarregarei de que a lei seja aplicada com todo o rigor", declarou Joaquín Hendriks, no caso de se comprovar a cumplicidade de funcionários da Subprocuradoria de Justiça do Estado na fuga do pedófilo Jean Succar Kuri.

*22 de novembro.* Kamel Nacif liga para o governador Hendriks para garantir que seu amigo Succar Kuri é inocente.

Succar Kuri liga para Lydia Cacho e a ameaça de morte por se meter em sua vida ao publicar, em sua coluna, uma análise do caso e fazer um programa de TV sobre os abusos de Succar.

*24 de novembro.* O procurador geral Rafael Macedo de la Concha anuncia que o *US Marshall* informou ter localizado Succar Kuri em sua residência de Downey, Califórnia. Anunciam que sua prisão será pedida. (A PGR leva dois meses para enviar a documentação para sua prisão.)

*26 de novembro.* A PGR toma o depoimento de testemunhas norte-americanas moradoras das Villas Solymar. Garantem ter perguntado se, no México, a pedofilia, como a exercida por Succar com meninas, não era crime. EJ e RC declaram ter sido testemunhas de como gente de Succar esteve tirando caixas e documentos da casa número 1 de Solymar. Ligaram para a polícia, que os ignorou.

A PGR interroga Kamel Nacif Borge, que declara sob juramento ter visto Succar Kuri apenas uma vez na inauguração do hotel Marriot de Cancún e não ser seu amigo.

*29 de novembro.* Víctor Manuel Echeverría Tum, juiz do terceiro tribunal com sede em Cancún, expediu uma ordem de prisão contra Succar Kuri por pornografia infantil, corrupção de menores e violação equiparada.

Yunes Linares nega veementemente conhecer Succar Kuri.

Sandra Morena, secretária de Yunes Linares, admitiu à PGR ter estado presente, com Yunes, em Solymar, mas negou que sua filha ou sua sobrinha tivessem sido molestadas.

A Direção Geral de Extradições da PGR solicitou a entrega do pedófilo para julgá-lo no México.

*Dezembro.* A revista *Proceso* divulga as investigações que a DEA e a AFI (Agência Federal de Investigações, da PGR) conduzem sobre Miguel Ángel Yunes Linares e publica testemunhos de narcotraficantes capturados que revelam que Yunes recebeu 15 milhões de dólares quando era secretário geral de governo de Veracruz. Eduardo Berdón, fiscal especial da Unidade Especializada em Crime Organizado, informa que Patricio Chirino e Miguel Ángel Yunes "fomentaram as atividades do narcotráfico e, por isso, receberam em torno de 15 milhões de dólares" da parte do *capo* Albino Quintero.

## 2004

*Janeiro.* Kamel Nacif conseguiu adquirir por 44 milhões de dólares 100% dos ativos da companhia norte-americana Tarrant Apparel Group, com escritórios e tecelagens na China, na Tailândia, na Coreia, em Nova York e em Los Angeles.

*Fevereiro.* Kamel Nacif contrata o escritório Seltzer, Caplan, McMahon & Vitek, com sede em San Diego, Califórnia, que encarregou Charles L. Goldberg de seu caso. Goldberg foi considerado o "melhor advogado criminalista" de San Diego em 2000. Deixou o caso em 2005.

*4 de fevereiro.* Jean Succar Kuri é preso em Chandler, Arizona, a pedido da Interpol.

*10 de março.* Instituída ação penal contra Succar Kuri por pornografia infantil, com o número 447/2003-IV.

*6 de abril.* A Secretaria da Fazenda e Crédito Público enviou ao Ministério Público Federal 22 dossiês com informação relativa à análise de informes de 144 operações bancárias "incomuns" que a empresa Kanan Banana realizou e que poderiam estar relacionadas com atividades de lavagem de dinheiro.

*Junho.* O juiz Armando Chiñas ordena o "congelamento" das contas em nome de Jean Succar Kuri, proprietário da Kanan Banana, em torno de 20 milhões de dólares.

*Julho.* O companheiro de cela de Succar Kuri denuncia às autoridades da penitenciária do Arizona que Succar Kuri contratou Felipe de Jesús Argüelles Mandujano, conhecido como "El Rayo", para acabar com a vida de Emma, Lydia Cacho, Verónica Acacio e seus ex-advogados Andrade.

## 2005

*10 de janeiro.* O presidente Vicente Fox nomeia Miguel Ángel Yunes Linares subsecretário de Segurança Pública Federal. Yunes é ex-deputado federal, ex-integrante do Partido Revolucionário Institucional, hoje militante da Ação Nacional e mão direita de Elba Esther Gordillo.

*18 de janeiro.* O subprocurador Miguel Ángel Pech Cen assina um cartão, que entrega à procuradora, com o seguinte recado: "Na investigação prévia 7431/2003, cabe acrescentar que aqui, sim, Miguel Yunez (sic) foi apontado como amante de uma das menores. Por instruções, esta investigação esteve 52" (código utilizado no jargão judicial para se referir a dossiês engavetados).

*Março.* A SIEDO detém o subdiretor operacional da Direção de Segurança Pública Municipal, Felipe de Jesús Argüelles Mandujano, conhecido como "El Rayo", por ter escoltado os veículos de pistoleiros do Cartel do Golfo em Cancún. É mantido preso por conexões narco-criminais.

*19 de maio.* A jornalista Lydia Cacho Ribeiro publica o livro *Los demonios del Edén: el poder que protege a la pornografía infantil*, investigação baseada em testemunhos das vítimas de uma rede de pedofilia encabeçada pelo empresário norte-americano Jean Succar Kuri. O livro é apresentado por Carlos Loret de Mola e Jorge Zepeda na Casa da Cultura Jaime Sabines.

*22 de junho.* O empresário Kamel Nacif Borge denuncia Cacho a autoridades de Puebla por difamação e calúnia; pede ao governador desse estado, Mario Marín, que exerça sua influência para que a jornalista seja presa pela publicação do livro em que relaciona o empresário têxtil com Succar Kuri.

*11 de julho.* O promotor federal Reid Charles Pixler, em nome do governo do México, apresentou à Corte Federal dos EUA uma nova série de provas para sustentar o pedido de extradição de Succar. Entre elas, um vídeo em que Succar abusa de meninas, ajeita câmeras para filmar sua cama e monta uma cama de massagens para filmar meninas.

*16 de dezembro.* Lydia Cacho é presa pela Polícia Judiciária de Puebla em Cancún, Quintana Roo, e levada por via terrestre, sob tortura, para a cidade de Puebla. A ordem de prisão foi dada pela juíza Rosa Celia Pérez González. Depois de quase trinta horas de prisão, é posta em liberdade, após pagar uma fiança histórica de 70 mil pesos.

*23 de dezembro.* A juíza Pérez González, depois de lhe dar três dias úteis para apresentar provas, expede um auto de prisão formal contra Cacho Ribeiro pelos crimes de difamação e calúnia.

*23 de dezembro.* Os advogados de Cacho renunciam por medo a represálias do governo de Marín, que já estava ameaçando e despedindo pessoas que apoiaram Cacho em sua saída da prisão.

## 2006

*Janeiro.* Em entrevista na TV Azteca, Kamel Nacif admite ser amigo de Succar e ter arrumado os papéis de migração dele em sua chegada ao México, vinte anos antes. (Anteriormente, Nacif negou diante das autoridades conhecer Succar.)

*17 de janeiro.* Lydia Cacho é absolvida do crime de calúnia numa apelação de seus advogados no Tribunal Superior de Justiça (TSJ) de Puebla por falta de provas, mas continua sujeita ao processo por difamação.

*20 de janeiro.* O TSJ de Puebla dá razão jurídica à jornalista e admite a incompetência jurídica da juíza Pérez González e transfere o julgamento para Cancún.

*14 de fevereiro.* La Jornada publica gravações de telefonemas entre o empresário têxtil Kamel Nacif Borge e o governador de Puebla, Mario Marín Torres, em que fica clara a conspiração de servidores públicos desse estado e de Quintana Roo para a prisão de Lydia Cacho.

*27 de fevereiro.* Quase 40 mil pessoas marcharam pelas ruas de Puebla para pedir a destituição do governador Marín.

*13 de março.* A jornalista denuncia à Procuradoria Geral da República (PGR) o governador de Puebla, Mario Marín; o empresário Kamel Nacif; a procuradora do estado, Blanca Laura Villeda Martínez, e a juíza Rosa Celia Pérez González pelos crimes de suborno, tráfico de influência, abuso de autoridade, tentativa de violação e falsidade de declarações.

*4 de abril.* O juiz norte-americano David K. Duncan autoriza a extradição para o México do suposto pedófilo Jean Succar Kuri, denunciado pela jornalista Lydia Cacho em seu livro *Los demonios del Edén* por chefiar uma quadrilha internacional de pedofilia.

*18 de abril.* O Congresso da União solicita à Suprema Corte de Justiça da Nação (SCJN) que exerça seu poder de requisitar o processo e que investigue as supostas violações aos direitos humanos de Lydia Cacho; o tribunal máximo admite o pedido e determina a criação de uma primeira comissão de investigação. A finalidade é saber se há elementos para fazer o julgamento político do governador Mario Marín.

*24 de maio.* Primeira acareação de Kamel Nacif e Lydia Cacho no tribunal de Cancún.

*5 de julho.* Jean Succar Kuri, extraditado para o México, fica recluso numa penitenciária de Cancún.

*Agosto.* Sergio López Camejo, titular das prisões de Quintana Roo, solicita à PFP que leve Succar para La Palma, pois o réu é considerado de alta periculosidade, após uma investigação realizada pela SSP estadual que revelou que Succar Kuri se envolveu com uma perigosa quadrilha de extorsionários que operam das penitenciárias tanto de Chetumal quanto de Cancún.

*Agosto.* Mais três menores denunciam Succar Kuri à PGR na Subprocuradoria de Crime Organizado.

*1º de agosto.* O procurador Bello M. Rodríguez Carrillo declara que "durante a administração do governador Hendriks se soube do apoio de seus servidores públicos à fuga de Succar e não se agiu em consequência".

Jean Succar Kuri, "El Johnny", confirmou que Miguel Ángel Yunes Linares, subsecretário de Segurança Pública Federal, é seu amigo e que o conhece há quinze anos. Em entrevista à Televisa com Carlos Loret de Mola, na penitenciária municipal de Cancún, Succar também admitiu que Kamel Nacif financiou sua defesa jurídica com 300 mil dólares.

*3 de agosto.* Roubam da Comissão Nacional dos Direitos Humanos (CNDH) o dossiê do caso Lydia Cacho, aberto meses antes a pedido da própria jornalista. O órgão apresenta uma denúncia criminal à Procuradoria Geral de Justiça do Distrito Federal (PGJDF) para que investigue o roubo.

*17 de agosto.* As autoridades transferem Succar Kuri para o Cereso de Chetumal. Vaza a informação de que Succar organiza com outros réus uma fuga da penitenciária de Cancún.

*Setembro.* Succar Kuri admite no programa de Loret de Mola que conheceu Yunes Linares quando este era diretor comercial do Aeroporto do México e que Yunes foi conhecer Solymar em Cancún "com sua esposa".

*9 de setembro.* Por sete votos a favor e três contra, a Suprema Corte determina ampliar a investigação sobre a violação de direitos sofrida pela jornalista, a fim de que se investiguem os telefonemas do "*gov* maravilha". É criada uma segunda comissão especial.

*28 de setembro.* A PGR requisita o caso do roubo do dossiê da CNDH sobre o caso Lydia Cacho. Como resultado da investigação são detidas quatro pessoas.

*29 de setembro.* É realizada, diante de um juiz com sede em Cancún, a segunda acareação entre a jornalista e o empresário Kamel Nacif.

*25 de outubro.* Os réus Armando Bocanegra Priego e Juan Ramón González confessam que foram contratados por "El Johnny" Succar na penitenciária de Chetumal para acabar com a vida de testemunhas, entre elas Lydia Cacho. Succar lhes entregou desenhos do domicílio de Cacho.

*16 de novembro.* Transferem Succar Kuri para a penitenciária de alta segurança do Altiplano, em Toluca.

*9 de dezembro.* Fuga de quase cem réus da penitenciária municipal de Cancún. Três são mortos na confusão. Autoridades confirmam informação de que Succar esteve envolvido no planejamento dessa fuga em que pensava que poderia escapar.

*17 de dezembro.* Emma interpõe um processo civil contra Lydia Cacho em um tribunal da capital por ter publicado "sua história" em *Los demonios del Edén*. A mesma Emma escreveu a Lydia Cacho que havia sido forçada a assinar um acordo em inglês com os advogados de Kamel Nacif em troca de dinheiro.

## 2007

*2 de janeiro.* Nacif Borge perde definitivamente a batalha jurídica que iniciou um ano antes contra Cacho Ribeiro, a quem acusou de difamação. O juiz do quarto tribunal criminal Lorenzo Medina Garzón, do Distrito Federal, determina o encerramento do processo aberto em dezembro de 2005 pela juíza de Puebla, Rosa Celia Pérez González, e confere o auto de liberdade formal à autora.

*10 de março.* A segunda comissão investigadora da corte inicia suas atividades em Quintana Roo e Puebla. São interrogados funcionários envolvidos, as vítimas de Jean Succar Kuri, Lydia Cacho e diversos comunicadores.

*23 de março.* Lydia Cacho recebe o prêmio da Anistia Ginnetta Segan por seu trabalho na defesa dos direitos humanos.

*3 de maio.* Numa diligência judicial de quase treze horas de duração, a jornalista amplia sua declaração contra o suposto pedófilo Jean Succar Kuri, que, diante da comunicadora, admite ter tido relações sexuais com, pelo menos, uma menor de idade. Ao fim da acareação, Succar faz ameaça de morte.

*8 de maio.* Lydia Cacho denuncia um atentado. A PRG destinou uma caminhonete com motorista como parte das medidas cautelares para proteger a jornalista. Após cinco minutos de trajeto, depois de Cacho ter saído do aeroporto da Cidade do México, o veículo foi parado pelo motorista por ter notado um problema num dos pneus.

A escolta descobre que o veículo foi manipulado para causar um acidente. Três meses mais tarde, a Comissão que trata de crimes contra jornalistas não investigou o veículo nem tomou os depoimentos de ninguém. No entanto, envia uma convocação a Cacho para lhe fazer uma peritagem psicológica a fim de começar a investigar o atentado.

*24 de maio.* O governador Mario Marín comparece diante do ministro Juan N. Silva Meza e lhe entrega um texto com sua versão dos fatos. O texto está infestado de imprecisões e de argumentos políticos em defesa do governador.

*6 de junho.* O ministro Silva Meza distribui a seus colegas do tribunal máximo uma cópia do informe da comissão especial que investiga o caso de Lydia Cacho, para que o analisem antes da sessão pública em que o assunto será discutido.

*17 de junho.* O secretário da Comissão de Rádio, Televisão e Cinematografia da Câmara dos Deputados, José Antonio Díaz García, pediu ao Sistema de Informação de Comunicação do Estado (Sicom) que transmita a sessão da Suprema Corte de Justiça da Nação (SCJN) sobre o caso da jornalista.

*21 de junho.* Um grupo de intelectuais, artistas, diretores de cinema e organizações publica um comunicado em diversos jornais intitulado "Era uma vez um pedófilo...". É assinado por Alfonso Cuarón, Luis Mandoki, González Iñárritu, Guillermo del Toro, Salma Hayek, Noam Chomsky e mais de três mil pessoas.

*26 de junho.* A comissão investigadora da Suprema Corte: as conclusões de Silva Meza estabelecem que Marín, Guillermo Pacheco Pulido, Blanca Laura Villeda e a juíza Rosa Celia Pérez González conspiraram para beneficiar o empresário Kamel Nacif, prendendo e torturando Lydia Cacho, que em sua obra jornalística revela uma rede política e econômica que protege a pornografia infantil e a pedofilia, assim como o pedófilo confesso Jean Succar Kuri.

## ANEXOS

Informe da SCJN: "A titular da Comissão Especializada para a Detecção dos Delitos Sexuais da Procuradoria Geral de Justiça do Estado de Quintana Roo, Cancún, informou a quantidade de 1595 investigações prévias iniciadas sobre crimes sexuais cometidos em agravos de menores (2006). As atuações destacadas revelam que a garantia individual contida no artigo 4º constitucional, relativo ao direito das crianças a obter a satisfação de todas suas necessidades para conseguir seu desenvolvimento integral nos estados de Puebla e Quintana Roo, se encontra em absoluto abandono e desatenção".

*Agosto.* Acabam as instruções do Caso Succar no tribunal federal e esperam sentenciá-lo a, pelo menos, dezesseis anos de prisão por pornografia infantil e vinte anos em foro comum por violação e corrupção de menores. (As penas não são cumulativas.)

*Agosto.* Wenceslao Cisneros, advogado de Succar Kuri, renuncia publicamente à sua defesa depois de ver um dos vídeos pornográficos que demonstram como ele violenta meninas. Admite que seu cliente é pedófilo e que uma menina de El Salvador, que ele explorava para turismo sexual, está morta, segundo Succar Kuri.

*Agosto.* A promotora federal especial para crimes cometidos contra mulheres, Alicia Elena Pérez Duarte, admite que Succar Kuri é parte de uma rede internacional de tráfico de meninas e adolescentes. Apesar disso, nenhum dos cúmplices é investigado.

*Agosto.* Kamel Nacif está abrindo novos negócios na Costa Rica e em Cuba. Sua fábrica de produtos para meninas e meninos da Disney, Skytex do México, S. A. de C. V., é um sucesso comercial.

*Agosto.* O Congresso da União tem em suas mãos a resposta da Suprema Corte para fazer o julgamento político de Mario Marín. Os principais líderes do PRI declararam que protegerão Marín custe o que custar.

ADVOGADOS DE SUCCAR KURI QUE TENTARAM DEFENDÊ-LO
E RENUNCIARAM:

**2003:** Sidharta Bermúdez, Edmar e Gabino Andrade.

**2004:** Joaquín Espinosa (coordenou uma tocaia orquestrada por Succar contra os Andrade em 23 de março).

**2004:** Charles L. Goldberg (EUA) é contratado por Kamel Nacif e renuncia depois de pressões para que tente comprar juízes e testemunhas.

**2005:** Patrick Hall e um cubano cujo nome se desconhece (aparece em gravações com Kamel Nacif).

**2005:** Elías Abdalá Delgado e Ena Rosa Valencia Rosado (para defender Succar pôs Emma em contato com Carlos Loret de Mola a fim de que ele a entrevistasse).

**2006:** Efraín Trujeque Arcila e Armando René Ancona Araujo (foi do Ministério Público com acesso à denúncia de menores contra Succar e depois seu defensor).

**2006:** José Wenceslao Cisneros Amaya e Hermán Cisneros Montes (renunciaram em 2007 depois de instruir algumas meninas ameaçadas, de quem JSK comprou a retratação parcial em dólares).

**2007:** doutor Alfredo Delgadillo Aguirre (presidente do Conselho Acadêmico do Instituto Nacional em Direito Penal A. C., INDEPAC).

## Conversas telefônicas

A partir de 14 de fevereiro de 2006, como narrei anteriormente, meu caso deu uma virada ao se tornarem públicas as ligações telefônicas entre Kamel Nacif e o governador Mario Marín, assim como com outros personagens públicos, entre eles três governadores e o líder dos deputados do PRI, Emilio Gamboa. Marín negou que a voz fosse sua, depois se arrependeu e disse que era, mas que fora manipulada. Nacif, por sua vez, declarou ao jornal *Reforma* que ele havia pedido ao governador que me prendesse e que ele o ajudou. O governador, desesperado, utilizou recursos públicos para pagar especialistas nos Estados Unidos com a finalidade de fazer uma análise dos telefonemas e uma "peritagem" que tentava demonstrar que eram falsos. Mas, em 19 de setembro de 2006, Kamel Nacif deu, involuntariamente, a última estocada em seu amigo, a quem chamou carinhosamente de "*gov* maravilha, meu herói". Publicou um comunicado explicando que as ligações foram gravadas por sua esposa (agora ex-esposa) por problemas matrimoniais.

> Até agora havia decidido tramitar a denúncia que promovi contra a senhora Cacho sob as mais estritas reservas da lei, litigando justamente diante das instâncias adequadas, como os tribunais, e não os meios de

comunicação. Mas os fatos acontecidos há alguns dias, quando se divulgaram gravações obtidas ilicitamente de minhas linhas telefônicas, tornam necessária esta carta aberta à opinião pública.

Nunca imaginei que o expressado de maneira privada fosse se tornar público, principalmente pelo ambiente em que se difundiram minhas palavras. Moralmente, apenas eu sou responsável, fui eu quem falou nessas conversas, e as expressões ofensivas são minhas, insisto, em diálogos que eram de caráter privado.

Nelas Nacif planeja uma negociata com Succar Kuri e pede que lhe traga umas meninas da Flórida e de El Salvador "para fornicar" em Cancún. Em datas posteriores, Nacif planeja e festeja minha prisão, um estupro e uma surra na penitenciária de Puebla. Todas as transcrições a seguir foram extraídas dos áudios cedidos por *La Jornada* e Carmen Aristegui. A linguagem vulgar, às vezes crua e vil, foi mantida em respeito à autenticidade, deixando-se as palavras malpronunciadas e frases desconexas.*

---

* Para ouvir todo o material original, acessar os sites de *La Jornada*, *El Universal*, ou www.unafuente.com.

ANEXOS

O "*GOV* MARAVILHA"

São vésperas do Natal de 2005, 23 de dezembro. Rosa Cecilia Pérez, juíza de Puebla, havia expedido, horas antes, um auto de prisão formal para mim. Depois de ser conectado por uma secretária que menciona ambos os nomes, pode-se ouvir:

Governador Mario Marín (GMM): *Quéquifoi*, Kamel?

KN: Meu *gov* maravilha.

GMM: Meu herói, *fiadaputa*.

KN: Não, você é o herói deste filme, papai.

GMM: Ontem mesmo acabei de dar um bom cascudo nesta velha safada. Disse pra ela que aqui em Puebla se respeita a lei e não há impunidade, e quem comete um crime se chama criminoso. E que não queira se fazer de vítima e nem pense em se aproveitar para fazer publicidade. Já lhe mandei uma mensagem pra ver como nos responde. Mas é que ela vem nos fodendo... então, que leve um cascudo e que outros aprendam.

KN: Já sei, mas esses putos continuam dizendo besteiras e besteiras. Mas eu fiz uma declaração. Fui na televisão.

GMM: Ah, legal! Lá na Cidade do México ou aqui, em Puebla?

KN: Aqui, mas disseram que iam mandar pra lá. Passou aqui. E eu, no *Milenio,* disse, se quiser ler, disse: pois o GOVERNADOR não tremeu as perninhas.

GMM: Não treme nem tremerá.

KN: Puta de merda. Que fizeram? Que porcaria, hem?

GMM: Não! Se sentem Deus no poder.

KN: É isso. Liguei pra te agradecer. Sei que te meti num problema, mas...

GMM: Não, homem. Gosto dessas coisas. Concordo contigo que, filhos da puta, nesses assuntos... digo... não somos santos, claro, mas se alguém tem provas que as apresente. Senão, que cale a boca.

KN: Olha, numa coisa tão vergonhosa, meu querido. Porque é vergonhoso.

GMM: É verdade.

KN: E eu, pra te agradecer, tenho aqui uma garrafa belíssima de um conhaque que não sei pra onde mando.

GMM: Ora, pra Casa Puebla.

KN: Eu queria dar ela pessoalmente, mas você está muito ocupado.

GMM: Mande pra Casa Aguayo, que me encarrego dela.

KN: Vai se encarregar dela? Então vou te mandar duas, não uma.

# ANEXOS

## Ligação entre Kamel Nacif e "Juanito" Nakad no dia do sequestro legal de Lydia Cacho

JN: O que houve, patrão?

KN: O que houve, Juanito?

JN: Olha, estou aqui na Procuradoria. Não pude ver o Alfonso Karam (chefe de polícia) porque está numa entrevista coletiva (...) Falei com a juíza. A juíza já está no tribunal.

KN: E o que disse?

JN: Me disse: "Juanito, não me apareça aqui hoje." Eu disse: "Por quê?" E ela me disse: "Depois, depois te digo." Parece que lhe falaram ontem. "Não quero te ver por aqui. Não se preocupe, está em boas mãos."

KN: E aí? Vai lhe dar a fiança?

JN: Acho que não. Acho que não. Ah, sim, me disse que falamos daqui a pouco. Não sei que ordem recebe de cima. Da outra vez foi igual... tá bem, veja, daqui a pouquinho te falo, pego o Alfonso Karam, te falo em dois minutos, cinco minutos. (Desliga.)

## Ligação posterior (1)

Juanito liga do seu celular para Kamel vinte minutos depois, enquanto monitora a atuação da polícia do escritório da procuradora.

JN: Olha, a mulher já está aqui. Já foi pro brejo.

KN: O quê? Tanto barulho por nada?

JN: Nem tanto, mas... não. Seu marido, mais nada. E veio a Televisa, aquela coisa toda, e a levaram pra onde está presa. Porque, por ordem do

GOVERNADOR, lhe disse: mesmo que seja por cinco minutos, presa numa cela. E iam meter ela aí, e a desceram, tiraram fotos, não sei que merda mais. E já se foi. Na minha frente falou com López Zavala (refere-se ao diretor da Polícia Judiciária) pra dizer que disse ao GOVERNADOR que esta mulher (Lydia) já está a caminho do Cereso, que em cinco minutos chega ao Cereso. (Fica claro que, na Procuradoria de Justiça de Puebla, Juanito dá ordens de parte do GOVERNADOR, porque realmente me meteram numa cela logo depois da fotografia e das impressões digitais.)

KN: Mmmm.

JN: E eu já ia embora, mas a juíza me disse que não, que daqui a pouco ela me fala (...) Bem, já a trouxeram, já a chantagearam (Lydia Cacho). Dizem que está um trapo. Porque diz que a trouxeram num calhambeque. Eu disse que é de propósito, que lhe mandaram um carro velho. Que nas vinte e quatro horas que esteve com eles lhe deram de comer só uma vez. Vamos ver o que acontece.

## LIGAÇÃO POSTERIOR (2)

Nesta ligação, Juanito Nakad e Kamel Nacif falam sobre a conveniência de corromper as autoridades para que a pessoa presa não saiba de nada. Eles se divertem no tráfico de influências.

JN: Lembra quando estávamos preparando o processo? Disse que era preciso notificá-la. E disse: "Ministério Público não, se notificarmos vai se defender e nunca vai parar na cadeia." Lembra ou não?

KN: Mas claro.

JN: Aí então disse: "Juan sabe, sim." Teu advogado queria que notificássemos. Eu disse que não. É preciso dar umas porradas nela. Se a gente notifica, nunca vai parar na cadeia (...) Ela nunca ficou sabendo, nunca ficou sabendo que havia um processo contra ela e uma ordem de prisão. Senão, nunca que ia parar aqui. O sucesso taí, assim se fazem as coisas.

KN: Puta que pariu. O que disse o locutor?

JN: Diz que vem escoltada pela AFI porque recebeu ameaça de morte. Vai vir todo o caminho. Vem escoltada como artista (risos). Vem com gente tua e atrás vêm outras pessoas para que teu pessoal não lhe faça nada no caminho, pra que não trate de *descontar* nela pelo caminho. Isso é normal aqui. Se estiver acordado, veja às dez e meia teu amigo López Dóriga, certamente ele vai dar a notícia. (Embora Nakad insista em que minha escolta da AFI vai atrás de mim, a verdade é que o líder de minha escolta, Óscar Cienfuegos, ligou para seu chefe enquanto eu estava presa e lhe deram a ordem de me deixar ir com os agentes judiciários. As AFIs declararam à PGR que nunca evitaram a prisão e não foram atrás de mim. O outro veículo com homens armados era de Kamel.)

KN: Não, não acho.

JN: Aposto o que você quiser como vai dar na televisão. Ainda mais que está dizendo que vários jornalistas de todo o México falaram com o governador para lhe perguntar se a notícia é verdadeira ou não. A notícia estourou em nível nacional.

KN: Que estoure em nível nacional!

JN: Que merda, já entramos na dança. (Risos.)

KN (risos): Já entramos na dança.

## Ligação de quarta-feira, 21

Na véspera da audiência para determinar se o auto de prisão formal para mim seria ou não expedido, Nacif manifesta nervosismo numa conversa com Nakad.

KN: A juíza vai dar pra trás, vai nos deixar na mão?

JN: Não, veja, eu estive com a juíza hoje (...) Adolfo Meneses me disse que não acha que a juíza dê o fora, porque é contra sua decisão. A única coisa que eu disse a Valentín: não se meta na vida da juíza, a juíza não interessa, a juíza vai seguir o direito. Mas se lhe ordenarem do tribunal, porque eles fodem com ela, então não pode dizer não, me entende? (Valentín Meneses era porta-voz do governador Marín.)

KN: Sabe por que não pode se retratar? Porque vão passar por bobos.

JN: É isso aí. Outra coisa que ela me disse (é) que estiveram falando no sábado, lhe falaram trinta vezes, bote na rua, pra rua de qualquer jeito. Ela pediu 104 mil pesos. Não, ora, 140 mil. O que acertarem, 5, 10, 14. Ela disse: "Menos não pode." Só uma coisa, baixou 30. Baixou 30 pra ela, e pagou 70 em dinheiro. Quando fui vê-la na segunda, me disse: "Juan, tenho aqui o dinheiro que arrumaram o bando de idiotas que foram defendê-la. Esvaziaram as caixas e tiraram tudo e trouxeram 70 mil em dinheiro." E me disse: "Juan, para mim é auto de prisão formal." (Segundo a investigação da Suprema Corte de Justiça, a fiança máxima que se havia pedido neste Quinto Tribunal penal fora de 12 mil pesos.)

KN: Claro!

JN: Mas eu sei como é sua vida. Se metem muito com ela. Pobre mulher, tinha que entrar de férias (...)

KN: Diga pra ela que eu a mando de férias.

JN: Te falo por isso. Fica trabalhando toda a semana, porque no sábado também vai trabalhar. Ela é irmã da gente mil vezes.

KN: Pra onde vai de férias? Diga que eu a mando. Diga que pra onde quiser.

JN: Eu digo pra ela.

KN: Diga pra juíza que a mando pra Las Vegas com tudo pago.

Mais adiante, Nacif exclama:

KN: Olha, como fico feio na televisão, hem? Puxa, que feio!

JN (risos): Já se viu?

KN: Puta! Velho, careca... Filho da puta!

JN: Tá bem. Aqui vai tudo bem... é adequado porque se vê que a bruaca velha te fez mal, filha da puta. (Mais risos.)

### Emma, uma das vítimas, entrevista "El Johnny"

A procuradora de Quintana Roo, Celia Pérez Gordillo, ordenou em outubro de 2003 que Jean Succar Kuri fosse gravado para obter mais provas sobre o abuso de menores. Jamais imaginou que Succar fosse tão prolixo em suas explicações. Esta é a transcrição do vídeo em que uma de suas vítimas, a quem chamaremos Emma, o entrevistou com uma câmera escondida ajudada por agentes da Procuradoria de Justiça. A transcrição é literal.

J: ... Com uma menina de 15 anos eu não faço; sabe por que não faço? Porque só faço quando estou isolado; por exemplo, pra Marína, quando estava em minha casa e escapou, disse: "Me fale..."

E: Quem é Marína?

J: A que conheci em tua escola, antes de conhecer você.

E: Ahhh, Marína.

J: Como se chamava?

E: Leticia Marína.

J: Mas tem outro nome, ela me disse outro nome. Eu disse: "Onde está?" depois de dois dias, sim, fomos e nos vimos no quarto, gritava muito.

E: Mas eu, quando fui, fui com Sandra. Bem, no começo...

J: Sim, mas vinham as duas. Sandra vinha sozinha nesse tempo. Quando eu conheci você, tinha acabado de me deitar com Sandra e foi quando ela sangrou, saiu um monte de sangue, e ela me disse: "Minha mãe vai me xingar."

E: Por quê? Era virgem?

J: Olha, isso eu não posso dizer.

E: Quantos anos tinha?

J: Dezesseis ou dezessete. Todas sangram comigo, minha mulher sangrou, várias gatas que fodi sangraram; mas não sangram porque são virgens, sangram porque estão muito apertadas ainda. Eu não sabia nada dessa.

E: Conheceu ela desde os quinze?

J: Não, já disse, uma vez me aproximei de tua amiga porque ela estava me procurando, então me aproximei do pai da menina e não houve problema.

E: Mas tocou nela quando a levou.

J: Isso é outra coisa. Enquanto não se tem relação, não se consuma o ato, não acontece nada. Mas de você há um passado que não me agrada... (Usa um tom zombeteiro.)

E: Por que não gosta de meu passado?

J: Esqueça, não importa. (Brinca com o canudinho no copo de suco.)

E: Claro que importa, porque esses três anos que estive com você... Me diga com quem me meti quando era menina. Com ninguém, eu estou te dizendo, com ninguém.

J: Você quer apagar o passado.

E: Eu quero apagar...

J: Eu, todos os teus atos, quando estava aí com elas. Eu tirava as garrafas...

E: Eu não sabia, você me pedia e ligava tua camerazinha para que eu me deitasse com elas...

J: Já era. Se você gostava ou gosta é problema teu, eu não estou dizendo se você faz ou não faz, é tua vida privada.

E: Olha, entenda uma coisa: você pega uma menina de treze anos que não conhece nada e começa a ensinar que o mundo é assim, que se vive assim, que tudo isso é normal, principalmente aprende que tudo isso é normal...

J: Você não lembra de muitas coisas, mas eu me lembro. Quando estávamos na piscina te disse: "Filhinha, me disseram que você é lésbica", e te disse: "Lesly já me disse, até Nadia já me disse..."

E: Não é verdade.

J: Vamos, não trate de se justificar, porque há coisas que você não se lembra. Mas o mais coerente em você, o melhor, o melhor, é que você não se lembra de tudo o que te dei.

E: Claro que me lembro...

J: Sim, mas quando não te convém, não se lembra.

E: Me lembro de muitas coisas. O que é que você acha que pode não me convir? Vamos ver.

J: Olha, é como te digo, eu não sabia que era lésbica, até que vi que estava agarrando a Nadia.

E: Nada disso...

J: E agora você vem com essa de que eu te ensinei, que eu te obriguei.

E: Você me ensinou a fazer isso, você me ensinou que, se a gente precisa de remédios, tinha que dar teu remédio (o sexo), por quê? Porque te doía...

J: Sim, eu disse que era mulherengo e que gostava de meninas, e se você me amasse tinha que me trazer meninas, mas eu não te disse: "Chupe elas..."

E: Você me dizia...

J: Puta que pariu! Eu não te dizia... Olha, vamos fazer um trato.

E: Diga.

J: Olha, vai ser uma coisa muito difícil, vamos arrumar testemunhas, umas pessoas, te juro por meus filhos. Trago uma garota pra você e vamos ver se você chupa ou não. Se não, você fica comigo um pouco.

E: Mas pra quê?

J: Pra ver se você é lésbica.

E: Mas pra quê?

J: Porque, se não for lésbica, você não chupa de jeito nenhum, de jeito nenhum, de jeito nenhum, por nenhum dinheiro do mundo. Você não pode... há coisas... ouça, você pode fazer por obrigação, necessidade, mas a parceira, que culpa tem? Que necessidade, que obrigação?

E: Todas as meninas que estavam aí... eram iguais. (Segundo declarações, ele as forçava a fazer sexo oral entre si, enquanto ele filmava.)

J: Quem?

E: Pilar, Pocahontas, este... Citlalli.

J: Não, teu negócio não é de princípios, é de sentido.

E: Você me dizia que essa era a única forma pra que as menininhas não falassem, porque estavam comprometidas, lembre-se de tuas palavras!

J: Está bem (tenta acalmá-la, está nervoso, olha para os lados), eu te amo muito e descobri que ainda continuo te amando... Vamos, melhor mudar de assunto. Vamos falar de outra coisa.

E: De quê?

J: Estou preocupado com essa outra menina que está na casa, porque está dizendo que vai falar.

E: Por que te preocupa?

J: Porque é uma menina, e amanhã a puta da mãe dela se dá conta de que foi fodida e a primeira coisa que vai pensar é em mim.

E: Mas se vai pra sua casa...

J: É o que te digo, mas se a menina confessar que não fui eu, aí eu fico tranquilo.

E: Mas ela já quer ir pra casa?

J: Eu não vou carregar uma culpa que não é minha.

E: Sim, eu sei, mas é que...

J: Lesly foi à minha casa desde os 8 até os 12 anos. Lesly tomava banho comigo, esteve comigo muito tempo, dormia semanas inteiras comigo e jamais lhe fiz nada.

E: Mas a beijava e a tocava.

J: Já disse que isso é permitido! Porque esse é o risco de ir à casa de um cara velho que está sozinho, é parte do risco; os pais só diziam: "Cuida da minha filha, cuida da minha filha". Isso é permitido. Por exemplo, eu digo a Lesly: "Me traga uma de 4 anos" e se ela me diz "Foi fodida" e eu vejo e foi fodida, vejo se lhe meto o pau ou não. Você sabe que isso é meu vício, é minha mania e sei que é um crime e é proibido, mas isso é mais fácil, pois uma menina pequena não tem defesa, a gente a convence rápido e a fode. Fiz isso minha vida toda, às vezes elas me armam alguma, porque querem ficar comigo, porque tenho fama de ser um bom pai...

ANEXOS

## Kamel Nacif e Jean Succar Kuri, ligações do ano 2000

Quando parecia que nada mais poderia nos surpreender, gravações que mostram claramente o tráfico de mulheres exploradas sexualmente e o turismo sexual em Cancún vieram a público no programa de Carmen Aristegui. A ligação telefônica transcrita aqui, acredita a Polícia Federal, deve ter acontecido no ano 2000, por causa das negociações que Succar Kuri estava fazendo para despejar os cidadãos norte-americanos de suas propriedades em Cancún numa manobra traiçoeira. Esta é a transcrição literal do telefonema, que, mais tarde Kamel Nacif admitirá, foi gravada secretamente por sua esposa, que cinco anos antes havia fugido de sua casa porque ele tentara assassiná-la durante uma cena de violência doméstica, conforme consta em seu processo de divórcio. Uma parte da conversa acontece em espanhol e outra, em árabe; a segunda foi traduzida para W Radio pelo doutor Alfredo Jalife Rahme, especialista em Assuntos Internacionais e libanês de nascimento, que domina vários idiomas.

    KN: Alô.
    JSK: Sim?
    KN: Quem fala?
    JSK: Oi, meu querido Kamel!
    KN: O que foi, Jean Succar?
    JSK: Onde anda? Já está em Acapulco?
    KN: Já estou em Puebla.
    JSK: Ahhh, foi visita de médico, chegou e voltou.
    KN: Só pra falar com você... Teu amigo não estava... eh.

JSK: Te ligo. Está em casa ou na fábrica?

KN: Estou em minha casa.

JSK: Te ligo.

KN: Ou eu te ligo. Onde está?

JSK: 9230333.

KN: *Peraí*, seu sacana!

JSK: Hahahaha.

KN: Se não sou tão gênio como você...

JSK: A mesma área.

KN: 562923... Nove o quê?

JSK: 92303, bye.

(Operadora em inglês.)

JSK: Heloouu.

KN: O que houve?

JSK: Helou. Tudo bem?

KN: E com você, alguma coisa?

JSK: Nada... Visita de médico, só. Você chegou e, como teu amigo não está, não quis ficar.

KN: Você me ofereceu figo, me ofereceu queijo, me ofereceu o diabo.

JSK: Quero fazer você feliz, faço o impossível pra fazê-lo feliz.

KN: Não, infelizmente não comi nada.

JSK: Hahaha, pior, vai voltar na semana que vem, não?

KN: Disse pra Mari que guardasse, que tivesse cuidado, e que vão escangalhar...

JSK: Sabe de uma? Tenho um frasco especial pra você levar. Quando vier, me lembre. Trouxe na viagem passada, está ali na geladeira. Mas esqueci.

KN: Mais alguma coisa com você?

JSK: Nada, já estou fazendo as malas pra ir de novo.

KN: Que horas vai?

JSK: Sai... daqui sai pelas 12h. Chego pelas 7h da noite.

KN: Mmmm.

JSK: Fico até 7, 8 de maio. Em 4 de maio é a maldita reunião de condomínio.

KN: De quê, cara?

JSK: Ora, estão queimados, porque fiquei com o hotel. Querem me empepinar... vão me tirar o couro.

KN: Tá bem, mano, que te empepinem.

JSK: Hehehehe.

KN: O que querem?

JSK: A inveja está matando eles, eu tenho 30% do edifício...

KN: Como?

JSK: Você sabe, são uns velhinhos... aposentados, invejosos, têm medo que eu os bote pra correr, que suba a manutenção. Estou ficando com o edifício, têm inveja. Tenho de dar a volta neles, estou sendo muito amável com eles. Agora, quando tiver 51%, já me tiraram o couro.

KN: Então... a reunião de condomínio... E o que vai acontecer dia 4?

JSK: Nada. Querem expulsar o administrador e eu o estou apoiando. O administrador não vale porra nenhuma, mas, se o expulsarem, ganham uma batalha. (Inaudível.)

KN: Não brigue. E quando podemos ter os 51%?

JSK: Faltam uns dois milhões de dólares.

KN: Dois milhões?

JSK: Hahaha.

KN: Pra comprar tudo deles?

JSK: Não, pra comprar deles... Pra chegar aos 51.

KN: Mhm, vale a pena?

JSK: Sim, esse terreno vale fácil 20 milhões de dólares.

KN: O quê?

JSK: O terreno vale fácil 20 milhões de dólares.

KN: Que terreno? Se não é teu, seu sacana.

JSK: Não, mas vai ser. Quando eu tiver 51%, controlaremos tudo.

KN: Não, não, não, cara.

JSK: Claro, aí você pode fazer o que quiser, já tem a maioria dos votos.

KN: Mas... o que vai fazer? O quê, quê, quê. E quanto vale tudo?

JSK: Outros três.

KN: Cinco milhões de dólares compra tudo?

JSK: No máximo.

KN: Tô nessa, puta que pariu! Compre tudo e os mande pra puta que o pariu. Topa?

JSK: Quando vier, falamos. Se tá falando sério.

KN: Sério, sério? Eu, eu não. Mas é claro que é sério, seu sacana.

JSK: Você gosta de mim, o que eu quero, me dá. Mas quero que veja a coisa positivamente.

KN: Certo, positivamente. Quantos quartos são?

JSK: No total, uns 250 quartos.

KN: Ok. Se vamos meter 5 milhões de dólares... E quanto vai nos custar reformar tudo? Mas, olha, não essas merdas que você faz, esses troços feios que faz.

JSK: Um, outro milhão.

KN: Tem certeza? Mais nada?

JSK: Precisa de um milhão pra fazer o salão de conferência e ginásio, essa coisa toda. Já tenho o projeto.

KN: Por isso, reformar tudo?

JSK: Outro milhão.

KN: *Intão*, são 7 milhões. Quantos você tem? Quantos quartos são?

JSK: Duzentos e cinquenta, eu tenho 50.

KN: Quer dizer, estamos pagando 7 milhões por 200 quartos, reformando e tudo, 35 mil dólares por quarto. Manda ver! Já!

JSK: Tem um problema, nem todo mundo quer vender...

KN: Ohhh!

JSK: É preciso dar uma de gângster, tem que estudar a coisa. É o que eu disse... uma vez com 51%...

KN: Essa gente pagou quanto?

JSK: Aqui? Em média 35 ou 40.

KN: É o que eles pagaram, está dando o dinheiro deles e que vão pra puta que os pariu!

JSK: Hahaha. Tem que ser passo a passo, te disse... Agora mesmo a metade de Solymar está à venda, porque têm medo, e se sabem que eu comprei, que já tenho 51%, no dia seguinte todo mundo (inaudível) é lógico, os poucos que não vendem porque vão sacanear têm que fazer... (inaudível). Está bonito, Kamel, está acolhedor, está privado. Não é um edifício, uma torre fria, tem seu charme, ajeitado fica uma joia, uma bonita... bem ajeitado...

KN: Está bem. Arrume.

JSK: Quando vem a Cancún? Vem semana que vem?

KN: Não, na próxima semana, não, cara. Mas na outra, sim.

JSK: Não venha de noite pra voltar no outro dia, mano. Venha por dois, três dias pra caminhar comigo pela praia. Se desligar por dois dias.

KN: Como?

JSK: Se desligar por duas noites.

KN: Tá bem, mas (começa a falar em árabe).

Tradução textual do árabe libanês:

KN: Você não tem putas? (Em árabe.) Por que não me mandou uma? (Em espanhol.)

JSK: Eu não sirvo pra isso (risos). (Em espanhol.)

KN: Mal-agradecido. (Em espanhol.)

JSK: Eu sirvo... eu sei pra que sirvo. (Em espanhol.)

KN: Sacana mal-agradecido... Vou contar pra tua mulher o que você anda fazendo. (Em árabe.)

JSK (risos): Que morra quem não gosta de você. (Árabe.)

KN: Quer que conte pra tua mulher? (Árabe.)

JSK: Não é da sua conta, você vai vir a Cancún, vou estar te esperando com uma. (Em espanhol.)

KN: Quer?

JSK: Deixe ela, coitada, com seus cinco filhos que fazem esporte, futebol. Está muito ocupada com eles. É uma bênção de Deus que esteja ocupada com seus cinco filhos.

KN: Onde está a menina de Miami?

JSK: Está em Tampa. Eu chego domingo, e ela também no domingo.

KN: Essa putinha é como você.

JSK: Você vai ver quando a vir.

KN: Quanto paga pra ela?

JSK: Dois mil dólares.

KN: Seu filho da mãe!

JSK: Você me diz quando eu trouxer ela pra você.

KN: Quando? Na próxima semana. Filha da puta... mas traga pra fornicar.

JSK: E azar do goleiro...

KN: Mas já sabe? Vem, mas pra fornicar.

JSK: É tão putinha como você.

KN: Ah, fodemos essa! Vamos ver se traz sua amiguinha. Está com pena?

JSK: Como vou saber?! É trabalho teu, não meu.

KN: Não, não, não. Traga ela. Diga quando e a trazemos.

JSK: Te digo, minha amiga está bem bonita, é uma loirinha cheinha.

KN: Por que está falando em espanhol?

JSK: Minha mulher foi ao super.

KN: Bem, *intão* em árabe... Mas já sabe, trazemos esta pra fornicar.

JSK: Me diga quando vai vir.

KN: E quando vai vir a outra? (Em espanhol.)

JSK: No domingo chega de Tampa. Fica comigo até 6 de maio, o dia que eu disse: fala com tua amiga, lhe mandamos a passagem, porque ela está em El Salvador, a amiga está em El Salvador.

KN: Tem visto pro México?

JSK: Não sei, eu...

KN: Então?

JSK: Vou ver isso.

KN: Então veja, sacana! Que a sacana traga uma de Tampa.

JSK: Hehehe, de acordo.

KN: Puta como ela, que não se faça de besta, e você não se faça de besta, botamos pra fazer um *ménage à trois*.

JSK: A minha é uma virgem, homem! (Com risos.)

KN: Virgem, sim. Chupa o tico como pirulito, que virgem! Aii, Succar velho!

JSK: Te falei do Viagra... não? Me chupa e me diz... desta vez foi diferente (inaudível) diferente como... pois não sei, foi diferente. (Risos.)

KN: Ouça, botou a garota gorda pra trabalhar, não é mesmo?

JSK: Ela, agora sim... o que faço com ela? Já me livrei dela.

KN: Exatamente, bote ela pra trabalhar... que é Emma, precisa dela aqui, agora vem pra trabalhar, filha da puta. Não, não precisa dela em casa.

JSK: Não, já não trago ela pra casa.

KN: Faz e não, não faz e leva pra casa. Olhe, você tirou a Direct TV da suíte dela.

JSK: É que ali me esqueci, né? Tirei dela. Não foi tirar, me esqueci, é que levam o aparelho pro lobby e quando preciso da suíte peço o aparelho. Me esqueci dele ali, me perdoe.

KN: Ahh... o melhor é poupar, sacana, tem razão. E o que há mais, cara?

JSK: Nada, te digo que espero que as coisas terminem bem em Solymar, estou um pouco nervoso. Te conto em seguida...

KN: Nervoso, por quê? Te digo uma coisa, Jean Succar. Leve com calma... se dá, se dá, se não se dá...

Este telefonema confirma a versão de diferentes testemunhas que já haviam afirmado à PGR que Succar Kuri levava meninas e meninos para os Estados Unidos sem seus pais. Uma das testemunhas protegidas, inclusive, que trabalhou com Succar em suas lojas do aeroporto de Cancún, garantiu às autoridades que levava as crianças com sua passagem e as "guardava" na loja até a partida de seu avião para Los Angeles. A testemunha disse: "Em várias ocasiões nos dizia: 'Cuidem deles aqui até que venha pegá-los.' Vi que vários meninos foram embora, mas nunca os vi voltar. A mesma coisa com menininhas, trazia dos Estados Unidos e nunca vinham com pessoas adultas."

ANEXOS

## Emilio Gamboa e Kamel Nacif, a prova de sua "amizade"

Poucos dias antes de Emilio Gamboa assumir a presidência da Comissão de Coordenação Política, o priista reconheceu que a conversa com Kamel Nacif, em que falou de uma Lei de Jogos que tratava das apostas em corridas de cavalos, não foi a única, e afirmou que havia, pelo menos, mais seis ou sete. O coordenador priista falou de um novo vazamento e alertou sobre mais conversas com o empresário libanês, mas insistiu que se arrependera desses telefonemas e de seu conteúdo.

Uma gravação em poder de *El Universal* revelou que o empresário Kamel Nacif exigira que o então senador priista Emilio Gamboa detivesse as reformas legais que permitiriam a abertura de um cassino no Hipódromo das Américas. Em fevereiro de 2004, os deputados priistas aceitaram seu interesse, levando adiante uma iniciativa de Lei de Jogos e Sorteios. Redigiram um documento de 175 artigos e três disposições provisórias para regular a operação desses centros de jogos e apostas As mudanças que se discutiam no Congresso em abril de 2004 finalmente não foram aprovadas, e a iniciativa foi enviada para a geladeira em setembro do mesmo ano.

Emilio Gamboa (EG): Aí carinha, onde anda, seu sacana?

Kamel Nacif (KN): Ora, por aqui, na cidadezinha de merda dos demônios, cara.

EG: Mas onde anda, meu querido? Porque a gente fala bem de você todo dia, mas você some, filho da puta.

KN: Vou levando, não tem jeito.

EG: Mas vai bem?

KN: Olha, enquanto estou vivo, vai tudo bem.

EG: Não, não, mas está bem?

KN: Claro, meu querido.

EG: Bem, cuide-se. Logo a gente se vê.

KN: E você, senador, como está?

EG: Aiii... na boa, aqui num almoço com uns senadores... nem te conto, cara.

KN: De onde...?

EG: Vamos tratar da reforma do Hipódromo, ainda não do jogo... do Hipódromo.

KN: Para quê?

EG: Para fazer jogo aí, cara.

KN: Como? Bem...

EG: Que acha?

KN: Não, não foda com ela.

EG: Então, o que você disser, cara, o que disser, vamos por aí, cara.

KN: Não. Voltem atrás, cara.

EG: Então voltamos pra trás. Essa merda não passa no Senado, hem?

KN: Maravilha!

EG: Ok.

KN: Muito bem, maravilha!

EG: Um abraço pra você.

KN: Quando nos vemos?

EG: Quando quiser, meu Kamelito.

KN: Você que sabe.

EG: Eu vou a Washington ver uns caras, mas na volta te vejo.

KN: Vai quando a Washington?

EG: Vou domingo... sexta-feira, não, sábado... e volto na terça, às 11 da noite.

KN: Então, vamos ver se nos vemos na quarta-feira.

EG: Na volta eu te ligo... pode deixar, eu te ligo... não me ligue... eu te ligo, amigo.

KN: *Quéisso*, senador...

EG: Um abraço.

KN: Tudo de bom. Bye.

EG: Pra você também.

Para ouvir estas ligações ao vivo entre em:
www.unafuente.com
www.jornada.unam.mx
www.eluniversal.com.mx

## Os quarenta maravilhas

A história da conspiração está cheia de nomes. Todos eles participaram, em maior ou menor grau, para acossar, amedrontar e violar meus direitos individuais. Nas 1.205 páginas dos resultados da investigação de Juan Silva Meza, estão os vestígios da participação de cada um deles.

*Fonte:* Alejandro Almazán e Viétnika Batres, "Como se armou a conspiração contra Lydia Cacho", *emeequis*, número 87, 1º de outubro de 2007.

Puebla:

Mario Plutarco Marín Torres, governador
José Kamel Nacif Borge, empresário
Hanna Nakad Bayeh, amigo do empresário
Ana María Campeche Sánchez, secretária do governador
Guillermo Pacheco Pulido, presidente do Tribunal
Rosa Celia Pérez González, juíza
Blanca Laura Villena Martínez, procuradora
Enrique Ruiz Delgadillo, secretário adjunto do Tribunal

Javier López Zavala, secretário do Governo
Carlos Escobar, secretário particular do governador
Mario Edgar Tepox, coordenador de agenda do governador
Ricardo Velásquez Cruz, assessor jurídico do governador
Hugo Adolfo Karam Beltrán, ex-diretor da Polícia Judiciária
Leonardo Fabio Briceño Moreno, secretário do presidente do Tribunal
Heriberto Galindo Martínez, diretor do Cereso
Aldo Enrique Cruz Pérez, diretor dos Centros de Readaptação Social
Arsenio Farell Campa, Luis Jorge Castro Trejo, Agustín Ruiz Parra, Manuel Farrera Villalobos e Jorge Miguel Echeverría, advogados do empresário
Igor Archundia Sierra, subprocurador de Averiguações Prévias
Gerardo Villar Borja, Juan José Barrientos Granda e Fernando García Rosas, magistrados do Tribunal
Martín Macías Pérez, secretário de Acordos do Tribunal
José Hernández Corona, subsecretário de Assuntos Políticos e Proteção Civil da Secretaria de Governo
Juan Sánchez Moreno, comandante do grupo de apreensão do desaparecido comando de mandatos judiciais
Rómulo Arredondo Gutiérrez, secretário de Comunicações e Transporte
Luis Guillermo Arsención Serna, diretor de Averiguações Prévias
Rosaura Espejel Prado e Ignacio Sarabia Martínez, dos Ministérios Públicos
José Montaño Quiroz e Jesús Pérez Vargas, agentes judiciários

ANEXOS

Quintana Roo:

Bello Melchor Rodríguez y Carrillo, procurador
Teodoro Manuel Sarmiento Silva, subprocurador da Zona Norte
Javier Brito Rosellón, ex-diretor de Assuntos Jurídicos da Subprocuradoria da Zona Norte
Jaime Alberto Ongay Ortiz, ex-diretor da Polícia Judiciária da Zona Norte
Jorge Félix Humberto Adolfo Molina Osuna, ex-comandante do Grupo de Apreensões da Subprocuradoria da Zona Norte
Miguel Mora Olvera, agente judiciário

Manifesto publicado em 21 de junho de 2007, assinado por artistas, intelectuais, jornalistas e milhares de pessoas de vários países, que exorta os ministros da SCJN a impedir a impunidade.

## Contato para se obter mais informação sobre como denunciar a pornografia infantil

ALEMANHA
Anti-Kinderporno
www.anti-kinderporno.de/start_adressen.htm

AUSTRÁLIA
Australian Broadcasting Authority
www.aba.gov.au
Australian Federal Police
www.afp.gov.au
New South Wales Police/Crime Stoppers
Toll-free: 1-800-333-000
www.police.nsw.gov.au

ÁUSTRIA
Stopline – www.stopline.at

BÉLGICA
Child Focus
www.childfocus-net-alert.be
Judicial Police of Belgium
www.ecops.be

BRASIL
Disque Denúncia Nacional de Abuso e Exploração Sexual contra Crianças e Adolescentes.
Por telefone: Disque 100.
Discagem gratuita em todo o território nacional.
http://denuncia.pf.gov.br/
http://www.todoscontraapedofilia.com.br/site
Centro de Defesa da Criança e do Adolescente – www.cedeca.org.br
Campanha Nacional de Combate à Pedofilia na Internet
www.censura.com.br
Departamento da Polícia Federal: aceita denúncia clicando em "fale conosco" ou pelo e-mail dcs@dpf.gov.br
Ministério da Justiça: aceita denúncia pelo e-mail: crime.internet@dpf.gov.br ou em "fale conosco" no site www.mj.gov.br

Rede Nacional de Direitos
   Humanos – www.rndh.gov.br
Agência de Notícias dos Direitos
   da Infância – www.andi.org.br/
   denuncie
Kids denúncia
www.portalkids.org.br
Fonte: Childhood (Instituto WCF-Brasil)

CANADÁ
Cybertip!ca
www.cybertip.ca/childfind/
   cybertip/924.html
Cyber Tipline
National Center for Missing &
   Exploited Children
Charles B. Wang International
   Children's Building
699 Prince Street
Alexandria, VA 22314-3175
Fone: (703)274-3900
Toll-free: 1-800-843-567
www.cybertipline.com
A NCMEC Hotline pode ser usada
   nos Estados Unidos, no Canadá e
   no México.
Ontario Provincial Police Child
   Pornography Unit
Contato: Bob Matthews, Unidade
   Child Pornography
Fone: (416)235-4552
www.gov.on.ca/opp/projp/english/

COREIA DO SUL
ICEC
www.internet119.or.kr

DINAMARCA
Red Barnet
www.redbarnet.dk

ESPANHA
Protegeles.Com
www.protegeles.com

EUROPA
Associação INHOPE
P.O. BOX 737
Woking GU22 8SY
United Kingdom
www.inhope.org
Interpol www.interpol.int

FINLÂNDIA
Pelastakaa Lapset
www.pelastakaalapset.fi/nettivihje/
   report.htm

FRANÇA
AFA Point de Contact
www.pointdecontact.net

GRÉCIA
SafeLine
www.safeline.gr

# ANEXOS

**HOLANDA**
Meldpunt Kinderporno NL
www.meldpunt.org

**HONG KONG**
Hong Kong Child Protection Unit
Fone: 2804-1437

**IRLANDA**
ISPA of Ireland Child Pornography
  Reporting
Fone: 1-890-610-710
www.hotline.ie

**ISLÂNDIA**
Barnaheill
www.barnaheill.is

**ITÁLIA**
Stop-iT
www.stop-it.org

**JAPÃO**
Japan National Police Agency
www.npa.go.jp

**NOVA ZELÂNDIA**
DIA New Zealand
www.dia.govt.nz/web/submitforms.
  nsf/cencomp?OpenForm

**REINO UNIDO**
CrimeStoppers
Freephone: 0800-555-111
Internet Watch Fundation
www.iwf.org.uk
New Scotland Yard Child
  Pornography Division
Freephone: 0808-100-0040
www.met.police.uk/childporn/

**SUÉCIA**
Rüdda Barnen
www.rb.se/hotline/

**TAIWAN**
ECPAT Taiwan
www.web547.org.tw

Impresso no Brasil pelo
Sistema Cameron da Divisão Gráfica da
DISTRIBUIDORA RECORD DE SERVIÇOS DE IMPRENSA S.A.
Rua Argentina 171 – Rio de Janeiro, RJ – 20921-380 – Tel.: 2585-2000